支払決済法

手形小切手から電子マネーまで

第3版

小塚荘一郎 Souichirou Kozuka
森田 果 Hatsuru Morita

商事法務

第3版はしがき

　支払決済システムは、このところ急速な変貌を遂げている。本書の初版が出版された2010年は資金決済法が制定された翌年であり、この法律による資金移動業の創設が、大きなニュースであった。それから8年が経ち、ブロックチェーンという言葉を目にしない日はなく、仮想通貨を支払手段として受け取る店舗も現れた。カード業界では、国際ブランドのデビットカードが広く発行されるようになり、電子商取引を中心に、支払代行業者（PSP）が関与するクレジットカード決済も増加した。

　こうした進展に対応するため、法改正も頻繁に行われてきた。最近では、仮想通貨交換業者の登録制度を定める資金決済法の改正や、クレジットカード取引に新たな法的枠組を導入した割賦販売法の改正が、いずれも2016年に行われている。そして、こうした金融取引の発展を含む日本社会の大きな変化を背景に、2017年には、民法（債権法）の改正が成立した。その中には、「有価証券」と題する節が置かれ、有価証券の通則的な規定が定められている。

　日々の業務の中で支払決済取引にかかわる実務家、とりわけ先端的なFinTechと取り組む方々から見ると、どのような法制度が業務に関係してくるのかを簡潔に知りたいと思われることであろう。他方で、法科大学院や法学部で学生にとっては、それはどこか遠い世界の話であって、民法や商法を、改正法にもとづいて正確に知ることが最優先だと感じられるかもしれない。本書では、この双方のニーズに応えようとした。そして、本書の特徴は、民法のような基本法であれ、資金決済法などの最先端の法律であれ、法的ルールが人の行動にどのような影響を与えるのか、その結果としてどのような制度設計に合理性が認められるのか、という観点からの分析と検討が必要になるという問題意識を共著者の二人が共有し、一貫してその観点から書かれてい

るという点にある。新しい技術が現れれば、法はすぐにも改正されるかもしれないが、合理的な制度設計という発想方法は変わらないからである。もっとも、どのような制度設計が合理的なのか、また、そもそも政策目的をどこに設定すべきかについてはさまざまな考え方があり得る。本書を出発点としてそのような点に考察をめぐらせてもらうことも、本書の狙いの一つである。

　本書は、多くの体系書や基本書とは違った順序で記述されている（その意図については初版のはしがきに詳しく述べた）。この点で、授業や学習の教材として使いにくいと感じられた場合には、伝統的な体系と本書の記述の比較対照表を冒頭（凡例と本文の間）に掲げてあるので、参照していただきたい。

　資料については、株式会社みずほ銀行、東日本旅客鉄道株式会社、一般社団法人全国銀行協会、株式会社オリエントコーポレーション、三井住友カード株式会社にご協力をいただいた（なお、第2版の執筆時に、片岡総合法律事務所の片岡義広弁護士と高松志直弁護士からは有益なご助言をいただいた）。今回の改訂作業については、株式会社商事法務の小山秀之さんが担当してくださった。また、小塚研究室の作業は、初版以来、スタッフの藤原もと子さんにサポートしていただいている。これらの皆様に、心から御礼申し上げたい。

2018年2月

　　　　　　　　　　　　　　　　　　　　　　　　小塚　荘一郎

　　　　　　　　　　　　　　　　　　　　　　　　森田　果

初版はしがき

　本書は、電子マネー・クレジットカード・銀行振込・手形・小切手といったさまざまな支払手段をめぐる法ルールのあり方を機能的に、かつ統一的に説明しようとする教科書である。従来、手形法小切手法、あるいは、有価証券法という名称で講義されて来た分野に加えて、手形小切手以外に支払手段として活用される銀行振込やクレジットカード、さらには近時利用の進んでいる電子マネーなどもカバーしている。本書の教科書としての特徴は、①法ルールの機能的な説明に焦点を絞っていること、および、②さまざまな支払手段をめぐる法ルールについて統一的な説明を与えていることである。

　まず、本書が支払手段法の機能的な説明に特化している点（①）は、従来の手形法あるいは有価証券法の教科書とは大きく異なっている。これまでの典型的な手形法の教科書は、手形上の権利関係の発生に関するいわゆる手形理論（契約説・発行説・創造説など）をまず論じており、個別の論点に関する解釈は手形理論から演繹的に導かれることも少なくなかった。その副次的な結果として、実務にとっての重要性とは異なり、判例法ルールの紹介よりも個別の学説から導かれた帰結が優先されるというケースも一部に見られた。また、それらの解釈を展開する際に、「取引安全」、「手形の流通保護」といったキーワードが使用される反面で、たとえば、「取引安全」をなぜ、また、どの程度に、保護する必要があるのかについては、十分な説明が与えられず、手形法学習者にとって親切な説明が提供されているとは言いがたい面もあった。

　これに対して本書は、手形法を含めた支払手段法について、法文・契約（約款）と判例法とに基づいて、その法ルールの具体的な内容を記述した上で、「なぜ」そのような法ルールが採用されているのかを機能的に説明しようとするアプローチを採用している。このような本

書のアプローチには、次のような利点がある。第一に、法文と判例法は、利益衡量に基づいて形成されている。仮に自覚的な利益衡量が行われていなかったとしても、ある法ルールが採用されると、結果として、関係者の利益は一定の形に調整される。本書のアプローチの方が、法文や判例法が、なぜそのようになっているのかをより自然に説明できる場合が多い。法文や判例法が依拠していない手形法理論のバイアスを排除することによって、法ルールの理解がより正確になり、それを他の代替的な法ルールと比較して合理的であるか否かを検討することも可能になるだろう。この意味で、本書は、実務家を目指す者にとって有用な入門書となることを目指している。

　第二に、手形法を含めた支払手段法を機能的に理解することは、新たな支払手段を創設する際にどのように法ルールを設計していくことが望ましいのかについて、有益な見取り図を与えてくれる。本書で扱っている支払手段は、現存している支払手段だけである。しかし、情報技術の発展に伴って、将来新たな支払手段が出現してくることは十分に考えられる。そのような場合に、どのようなリスク配分を実現することが望ましいのかは、手形法理論によっては回答することが難しい。これに対し、本書の採用する機能的アプローチを身につけていれば、どのような法ルール設計をすれば、有用な支払手段を作り出せるかについて指針を得ることができる。この意味で、本書は、制度を設計しようとする者にとって有用な入門書となることをも目指している。

　本書のもう一つの特徴である、さまざまな支払手段法を横断する統一性（②）は、このような機能的アプローチの副産物でもある。手形や小切手も支払手段の一つである以上、支払手段として期待される役割やさまざまなリスクの発現の仕方には、共通する部分がある。そして、それらへの法ルールの対処の仕方にも、一定の共通性が見られることがあるし、あるいは、支払手段ごとの違いによって差違が出てく

ることもある。そのような異同がなぜ生ずるのかは、本書の採用する機能的アプローチによって初めて説得的に説明できるものである。

　本書は、叙述の順序においても、従来の教科書とは大きく異なっている。叙述の順序は、基本的に、「簡単な支払手段から複雑な支払手段へ」、「身近な支払手段から疎遠な支払手段へ」となっている。すなわち、まず最初に、最も単純なメカニズムを持つ（プリペイド型）電子マネーから説明を始める（第2章）。プリペイド型電子マネーは、あらかじめ資金を払い込んでおいた上でそれを使って支払いを行うものである。プリペイド型電子マネーは、近時、急速に普及してきており、読者に身近な支払手段でもある。そして、電子マネーに類似したメカニズムを持つ、プリペイドカードおよびデビットカードについても、第2章で説明をする。

　続いて、支払いの相手方の銀行口座へと資金を移動させる、銀行振込について説明する（第3章）。銀行振込は、電子マネーに比べると、当事者の数が増えて複雑になるが、他方で、わが国では広範に利用されている、読者に身近な支払手段である。銀行振込に付随して、銀行振込や電子マネー等の背後で動いている、銀行間の資金決済システムについても解説する。また、銀行ではない主体が資金の移動に関与する、収納代行・代引き・資金移動業についても、ここで説明する。

　第3章で取り上げた銀行振込を、紙（証券）を使って行うのが、小切手である（第4章）。コンピュータネットワーク上で行われる銀行振込とは異なり、物理的な紙にデータを記載することで資金の移動を行おうとする小切手には、銀行振込にはなかったさまざまなリスクが入り込んでくる。そのようなリスクに小切手法がどのように対処しているのかが、第4章の中心的な内容となる。さらに、国際的な資金の移動については、小切手ではなく、為替手形が使われることが多いので、続く第5章で為替手形について説明する。

ここまで取り上げた支払手段は、どれも支払いという資金の移動をもっぱらの目的とする支払手段であった（厳密には、為替手形は支払機能だけを果たすものではない）。これに対し、第6章以下で登場する約束手形・電子記録債権・クレジットカードは、単に支払いを行うだけでなく、支払いを一定期間猶予するという信用機能をも有している。信用機能があるということは、貸手側からすれば、貸倒れのリスク（信用リスク）が発生するわけであるから、それに対する何らかの対処を契約や法ルールによって行う必要が出てくることになる。

　クレジットカードと約束手形を比較すると、コンピュータネットワーク上で処理がなされるクレジットカードと異なり、約束手形は物理的な紙を使用し、しかも、相対的に長期間の存在が予定されているため、小切手やクレジットカード以上に、さまざまなリスクが伴ってくる。それら多様なリスクに対処するために、法ルールも、複雑なものとなっている。この法ルールは、小切手および為替手形と共通する部分が少なくないので、本書では、為替手形に続けて、第6章で約束手形を扱う。次いで、手形法にならって立法された電子記録債権を第7章で説明した後、第8章でクレジットカードの法律問題を論じている。

　最後の第9章では、本書があえて扱わなかった、手形法理論などの「有価証券理論」について簡単に言及する。第8章まで読み進めてきた読者にとっては、現行の支払手段に関する法ルールが、機能的なアプローチによってすでに十分に説明されており、あらためて有価証券理論を持ち出して説明する必要はないことが明らかになっていると思われるが、そのことを再度確認してほしい。

　以上のような本書の叙述の順序は、現在定着している手形法小切手法の叙述の順序を逆転させるものとなっている。かつての手形法の体系書は、条文の順序に沿って、為替手形・約束手形・小切手の順序で叙述されているものが多かったが、ある時期から、日本で利用される

有価証券は約束手形が圧倒的に多いことを受けて、約束手形から記述を始めるスタイルが採用されるようになった。これに対し、本書は、約束手形を最後に配置するという以前のスタイルに戻る形となった。これは、約束手形が、最も複雑で最も多様なリスクを伴う支払手段であるという、前述の理由によるものである。

なお、叙述を進めるに当たっては、前の章で説明された事項で、同じ説明が当てはまる場合には、説明を繰り返すことはせず、参照箇所を指定するようにしている。このため、他の手形法の教科書などと併用して本書を利用する場合には、本書のどこに何が書いてあるか、迷うことがあるかもしれない。その場合には、目次と索引とを利用して、該当箇所を探していただきたい（そうできるようになっている）。

最後に、本書を執筆するに当たってお世話になった方々に対して謝辞を述べたい。

本書の共著者は、大学の研究室では、それぞれ、落合誠一先生および江頭憲治郎先生の指導を受けた。両先生を始めとして、教えを受けた多くの先生方や執筆時に参照した論文の著者の先生方に対して感謝する気持ちは、言うまでもない。そして、教科書としての本書の完成度を上げるために、本書の試作版を授業で実際に利用して、多くの有用なフィードバックをくださった方々、および、誤りの多く含まれていた試作版を耐えて読んでくれたその学生の方々に特に感謝したい：榊素寛神戸大学准教授、清水真希子東北大学准教授、得津晶北海道大学准教授、松井秀征立教大学教授、李芝妍東洋大学専任講師、そして、試作版を教科書・参考書として使用した神戸大学、上智大学、東北大学、東洋大学、北海道大学、立教大学の学生の方々。その他にも、本書の誤り・改善点などの指摘をくださった方は多数にのぼるが、残念ながらすべての方のお名前を挙げることはできない。この場を借りて御礼申し上げる。本書が少しでも読みやすく、わかりやすくなっているとしたら、それは、多くのご指摘のおかげである。もっと

も、残された誤りについては、われわれが責任を負う。

　また、資料の提供については、株式会社みずほ銀行、東日本旅客鉄道株式会社、全国銀行協会、株式会社オリエントコーポレーションにご協力いただいた。厚く御礼申し上げる。

　本書がなるにあたっては、株式会社商事法務の石川雅規さんと川戸路子さんが編集者として活躍してくださった。小塚研究室での資料整理や校正は、スタッフの藤原もと子さんにお手伝いいただいている。石川さんと川戸さん、そして藤原さんにも感謝を申し上げる。

2010年8月

　　　　　　　　　　　　　　　　　　　　　　　　小塚　荘一郎
　　　　　　　　　　　　　　　　　　　　　　　　森田　　果

目　次

第3版はしがき　(1)
初版はしがき　(3)
凡例　(17)
伝統的な体系との比較対照表　(18)

第1章　総　論 ……………………………………………………………1

第1節　支払手段法の役割 …………………………………………2
1　多様な支払手段 …………………………………………2
(1) 現金管理の安全性　3
(2) 現金のハンドリングコスト　3
(3) 隔地取引　4
(4) 与信機能　5
(5) さまざまな特典　5
(6) 匿名性　6
2　支払手段法の機能 ………………………………………6
(1) 現金代替物の創出　6
(2) リスクの配分　7
(3) ファイナンス　8
3　現金以外の支払手段を受け入れる動機 ………………9

第2節　支払手段の特徴 ……………………………………………11
(1) 紙ベース／電子ベース　11
(2) 決済手段　12
(3) ユニバーサル／ネットワーク　12
(4) オープン・ループ／クローズド・ループ　13
(5) 決済の当事者と決済機関　14

第3節　決済システム ………………………………………………15
1　決済システムの機能 ……………………………………15

2　決済システムの規制 ·· 17

第2章　電子マネーと仮想通貨　21

第1節　電子マネー ·· 22
1　プリペイド式電子マネー ·· 22
　(1)　基本的な仕組み　22
　(2)　原因取引と支払関係　24
　(3)　利用者にとってのリスク　25
　(4)　電子マネーの払戻し　26
2　ポストペイ式電子マネー ·· 27
3　サーバ型電子マネー ·· 27

第2節　プリペイドカード ·· 29

第3節　仮想通貨と擬似通貨 ·· 29
1　仮想通貨 ·· 29
2　仮想通貨交換業 ·· 31
3　擬似通貨 ·· 32

第3章　銀行振込・資金移動業等　35

第1節　銀行振込の仕組み ·· 36
　(1)　銀行振込の仕組み　36
　(2)　銀行振込に伴うリスク　37

第2節　預金取引 ·· 38
1　無権限取引 ·· 38
　(1)　無権限取引のリスクのコントロール　38
　(2)　認証システムの安全性　39
　(3)　「支配領域」　41

2　偽造カード法 ·· 43
　　3　制限行為能力者 ·· 46
　第3節　振込の取消し・撤回 ··· 46
　　(1)　無因性　46
　　(2)　誤振込　48
　　(3)　振込事務の完了義務　50
　第4節　デビットカード ·· 51
　第5節　銀行間資金決済システム ···································· 55
　第6節　資金移動業・収納代行・代引き ························ 60

第4章　小切手　　65

　第1節　小切手の基本 ·· 66
　　1　小切手の仕組み ·· 66
　　2　自己宛て小切手 ·· 68
　　3　原因取引との関係 ·· 69
　　(1)　小切手に対する原因関係の影響　69
　　(2)　原因関係にとっての小切手の意味　70
　　4　小切手の法規制 ·· 71
　第2節　小切手の振出し ·· 72
　　1　小切手要件 ·· 72
　　2　小切手の記載の効力 ·· 75
　　3　白地小切手 ·· 76
　　4　意思表示の瑕疵 ·· 77
　　5　交付欠缺 ·· 80
　第3節　無権限取引 ·· 81

1　代理方式と機関方式　　81
　　2　偽造・表見代理　　82
　　　(1)　本人の責任　82
　　　(2)　無権限者の責任　85
　　3　支払銀行の義務（当座勘定規定）　　85
第4節　線引小切手　　88

第5章　為替手形　　91
　　　(1)　為替手形の仕組み　92
　　　(2)　為替手形の利用　92

第6章　約束手形　　97
第1節　約束手形とその発展形態　　98
　　1　約束手形の基本　　98
　　　(1)　約束手形の仕組み　98
　　　(2)　約束手形の利用の実態　100
　　　(3)　約束手形の特殊性　102
　　　(4)　約束手形の法規制　104
　　2　一括手形と一括支払システム　　104
第2節　振出し　　107
第3節　流通　　111
　　1　譲渡の手続　　112
　　　(1)　裏書　112
　　　(2)　裏書の連続　114
　　　(3)　白地式裏書・裏書の抹消　116
　　2　善意取得（無権限）　　117
　　3　抗弁　　119

(1) 原因関係上の抗弁　119
　　(2) 抗弁の切断と悪意の抗弁　121
　　(3) 融通手形の抗弁　124
　　(4) 戻裏書　127
　　(5) 後者の抗弁　128
　　(6) 手形保証　130
　　(7) 手形行為独立の原則　132
　4　特殊な裏書 ———————————————————————— 134
　　(1) 取立委任裏書　134
　　(2) 質入裏書　135
　　(3) 期限後裏書　135
　　(4) 裏書禁止裏書　136
　　(5) 無担保裏書　137
　　(6) 裏書によらない譲渡　137
　5　変造・白地手形 ———————————————————————— 137
　　(1) 変造　138
　　(2) 白地手形の不当補充　139

第4節　支払い ———————————————————————— 141
　1　支払呈示 ———————————————————————— 141
　2　支払い ———————————————————————— 143
　3　手形交換 ———————————————————————— 145
　4　取引停止処分 ———————————————————————— 147
　5　手形の書替 ———————————————————————— 148

第5節　遡求 ———————————————————————— 149
　1　制度の趣旨 ———————————————————————— 149
　2　要件と手続 ———————————————————————— 150
　3　遡求義務の内容 ———————————————————————— 152

第6節　手形上の権利の消滅 ———————————————————————— 153

1　消滅時効 ··· 153
　　　(1)　手形債務の消滅時効　　153
　　　(2)　白地補充権の消滅時効　　154
　　2　利得償還請求権 ··· 155
　第7節　手形訴訟 ·· 157

第7章　電子記録債権　　159
第1節　支払・決済手段としての電子記録債権の利用 ···· 160
第2節　電子記録債権の発生 ·· 163
　　1　発生記録 ·· 163
　　2　原因取引との関係 ·· 164
　　3　意思表示の瑕疵 ··· 165
　　4　無権限取引 ·· 167
　　5　不実の電子記録 ··· 168
第3節　電子記録債権の譲渡 ·· 168
　　1　譲渡記録 ·· 168
　　2　善意取得 ·· 169
　　3　抗弁の切断 ·· 171
第4節　電子記録債権の消滅 ·· 172
　　1　同期的管理 ·· 172
　　2　電子記録債権の消滅の態様 ····································· 173
　　3　支払等記録 ·· 174
第5節　電子記録債権の利用 ·· 174
　　1　記録事項の変更 ··· 174
　　2　電子記録保証 ·· 175

3　質権 176
　　4　分割 177

第8章　クレジットカード　179

第1節　クレジットカードの仕組み 180
第2節　抗弁の接続 184
第3節　不正利用 187

第9章　有価証券理論　193

第1節　有価証券の定義 194
第2節　手形・小切手以外の有価証券 196
　　1　有価証券の種類 196
　　2　指図証券 198
　　3　記名式所持人証券・無記名証券 200
　　4　記名証券 201
第3節　除権決定 201

資　料　205

　　1　カード利用約款（電子マネー）例 206
　　2　カード規定試案 213
　　3　振込規定 218
　　4　当座勘定規定 223
　　5　小切手用法 228
　　6　約束手形用法 229
　　7　クレジットカード会員規約例 230

8　クレジットカード加盟店規約例……………………………239

事項索引　255
判例索引　260

凡　例

● 法令等の内容
　本書は、特に記述のない限り、平成30年2月1日現在の内容に基づく。

● 公刊判例集・データベースの表記
　本書では、以下の略称を使用している。

　民録：大審院民事判決録
　民集：最高裁判所民事判例集
　刑集：最高裁判所刑事判例集
　下民集：下級裁判所民事裁判例集
　判時：判例時報
　判タ：判例タイムズ
　金判：金融・商事判例
　金法：金融法務事情
　商判：山下友信＝神田秀樹編『商法判例集（第7版)』（有斐閣、
　　　　2017年10月刊行）
　D1-Law：第一法規法情報総合データベース
　LEX/DB：TKCローライブラリー

伝統的な体系との比較対照表

法科大学院共通到達目標モデル	項目	約束手形	手形法条文	小切手	小切手法条文
総論	意義・機能	第6章第1節	—	第4章第1節	—
	原因関係に与える影響	第4章第1節3(2)	—	第4章第1節3(2)	—
	行使の順序	第4章第1節3(2)	—	第4章第1節3(2)	—
振出しと約束手形要件	記載事項	第6章第2節〔第4章第2節1〕	75	第4章第2節1	1
	記載の解釈	第6章第2節〔第4章第2節1・2〕	76,6	第4章第2節1・2	2,9
	白地手形	第6章第3節5(2)	10	第4章第2節3	13
	代理/機関方式	〔第4章第3節1・2〕	—	第4章第3節1・2	—
	表見代理・偽造	〔第4章第3節1・2〕	8	第4章第3節1・2	11
手形行為	意思表示上の瑕疵	〔第4章第2節4〕	—	第4章第2節4	—
	交付欠缺	〔第4章第2節5〕	—	第4章第2節5	—
	手形行為独立の原則	第6章第3節3(7)	7	〔第6章第3節3(7)〕	10
	利益相反取引	〔第4章第3節2(1)〕	—	第4章第3節2(1)	—
手形の流通	手形・小切手の譲渡	第6章第3節1(1)	11,12,13	〔第6章第3節〕	14
	裏書の連続	第6章第3節1(2)(3)	16	〔第6章第3節1(2)(3)〕	15,16
	裏書の権利推定	第6章第3節1(2)	16I	〔第6章第3節1(2)〕	19
	善意取得	第6章第3節2	16II	〔第6章第3節2〕	21
	人的抗弁・無因性	第6章第3節3(1)	17	第4章第1節3(1)	22
	悪意の抗弁	第6章第3節3(2)	17	〔第6章第3節3(2)〕	22
	融通手形	第6章第3節3(3)	17	—	
	裏書人の担保責任	第6章第3節	15	〔第6章第3節〕	18
	特殊な裏書	第6章第3節4	15, 18-20	〔第6章第3節4(1)〕	14II, 23, 24
保証	保証	第6章第3節3(6)	30-32	第6章第3節3(6)	25-27
支払・遡求	取立委任	第6章第1節1, 第4節		第4章第1節1	—
	支払免責	第6章第4節2	40III	(第4章第3節3)	当座16
	引換証券性（受戻証券性）	第6章第4節2	39	〔第6章第4節2〕	34
	手形交換	第6章第4節3	—	第4章第1節1	
	不渡	第6章第1節1(1), 第4節4	—	〔第6章第4節4〕	
	遡求	第6章第5節	43-54	〔第6章第5節〕	39-47
時効	時効	第6章第6節1	70,71	〔第6章第6節1〕	51,52
利得償還請求権	利得償還請求権	第6章第6節2	85	〔第6章第6節2〕	72
	手形訴訟	第6章第7節	民訴350-366	〔第6章第7節〕	民訴367
	除権決定	第9章第2節	非訟114-118	第9章第2節	非訟114-118

＊手形と小切手に共通する論点は一方でまとめて説明している。〔　〕内に示した、他方

伝統的な体系との比較対照表

民訴：民事訴訟法　　非訟：非訟事件手続法　　当座：当座勘定規定

電子マネー	銀行振込	クレジットカード	電子記録債権	電子記録債権法条文
第2章第1節	第3章第1節	第7章第1節		
第2章第1節1(2)			第7章第2節2	
			第7章第2節2	
			第7章第2節1	16
第2章第1節1(3)	第3章第2節1・2	第8章第3節	第7章第2節4・5	14,10
第2章第1節1(2)	第3章第3節		第7章第2節3	12,13
			第7章第5節2	33
			第7章第3節1	17・18
			第7章第3節1	9II
			第7章第3節2	19
第2章第1節1(2)	第3章第3節(1)	第8章第2節	第7章第3節3	20
			第7章第3節3	20
		第8章第3節		
			第7章第3節1・第5節2	—
				31-35
			第7章第4節2	21
			第7章第4節2	23
				—

に関する説明を参照してほしい。

第1章 総論

第1節 支払手段法の役割

1 多様な支払手段

　あなたが書店で本書を1冊購入したとする。書籍に限らず、商品やサービスを取得する際には、通常は対価を支払わなければいけない。わが国では、このような場合の対価の支払いは、現金でなされることが多い。現金による支払いによって、買主であるあなたは確定的に資金を失い、他方で、売主である書店は確定的に資金を獲得する。もちろん、購入した書籍に乱丁・落丁などがあれば、返品していったん支払った対価を返還してもらうこともあるが、あなたから書店への資金移動自体は確定的に完了しており、それによってあなたが書店に対して負っていた対価支払債務は消滅している。このように、債務を消滅させるような確定的な資金移動が実現した状態は、決済完了性（ファイナリティ、finality）と呼ばれる（ただし、このような形でファイナリティを意識する必要がある支払手段は、後述する電子マネーや収納代行などくらいである）。

　わが国では、私たち消費者が小売業の店頭で商品やサービスを購入する際には、このように現金で対価の支払いを行う場合が大部分を占めている。しかし、私たちが対価の支払いを行うために使う手段は、現金のみではない。電子マネーによる支払いが利用されることが最近次第に増えてきているし、その他にも、クレジットカードやデビットカードによる支払いもしばしば活用されている。また、銀行振込で支払いを行うこともある。さらに、企業間の取引では、小切手・約束手形・為替手形などの有価証券も使われることがある。では、なぜ私た

ちは、これらの現金以外の支払手段を利用するのだろうか。

(1) 現金管理の安全性

　海外、たとえば米国に旅した経験のある人は、現金での支払いは稀で、むしろクレジットカードやデビットカード（場合によっては小切手）で支払いを行うことの方が多いことに気付くだろう。実際、米国では財布の中に20ドル（約2,000円）程度の現金しか持ち歩いていない人が大部分であり、現金でしか支払いを行えないとなると、日常生活がかなり不自由になってしまいかねない。これは、現金以外の便利な支払手段が発達していることによることもあろうが、それと同時に、多額の現金を持ち歩くことが治安上望ましくないからであるかもしれない。

　もっとも、わが国でもこのようなニーズがないわけではない。たとえば、数十万円の多額の商品やサービスを購入しようというときには、それだけの多額の現金を持ち歩くことは怖いから、クレジットカードで支払いを行ったり、銀行振込で支払いを行ったりしたいと考える人が多い。また、不動産を購入するときも、数千万円の現金を準備する人よりも、小切手や銀行振込を利用する人の方が多いだろう。

(2) 現金のハンドリングコスト

　不動産購入の対価を現金以外の支払手段によって支払う理由は、多額の現金を持ち歩くことのリスクの回避だけではない。たとえば、45,822,000円という代金を支払う必要があるとしよう。この場合、現金によって支払いを行うならば、持参した現金が実際にその額だけあるのかをチェックするのに多くの時間と手間がかかり（1万円札が4,582枚と千円札が2枚！）、不便である。これに対し、現金以外の支払手段であれば、「45,822,000円」の額面の小切手を準備したり銀行振込をしたりするだけで足り、はるかに簡便である。このように、現金以

外の支払手段は、現金の管理に伴うコストを節約できるというメリットがある。

私たち消費者の間で、鉄道の切符を購入せずに自動改札を通ることができる電子マネーの利用が伸びていたり、コンビニエンスストアなどで買い物代金を支払う際に、現金を使わずに携帯電話端末を使って支払いを行うことが次第に増えてきたりしているのは、小銭をいちいちやり取りするのが面倒だからということが動機の一つになっているが、これも同じ理由だと言えよう。そして、このような管理コストの節約は、実は、支払いを受け取る売主側にとってもメリットになっている。現金以外の支払手段でなされた支払いの分については、店舗に現金を保管しておく必要がなくなるし、さらに、個別に支払いを受けるのではなく、後で一括して銀行口座に入金がなされるのであれば、現金管理に伴うミスもなくなる。

(3) 隔地取引

私たちが現金以外の支払手段を利用する第三の動機としては、対面ではない遠隔地の相手との取引の際には、現金以外の支払手段の方が現金より便利なことが多いことが挙げられる。たとえば、本書を近所の書店で対面で購入したのではなく、インターネット上のオンライン書店で購入していたとしよう。この場合、現金で支払いを行わなければならないのだとしたら、現金書留を使って現金を郵送するか、または、オンライン書店の本店所在地まで出向いて現金を提供する必要がある。時間と手間がかかるだけでなく、途中の紛失・盗難等のリスクも高まる。これに対し、クレジットカード、銀行振込、宅配便の代引きなどといった現金以外の支払手段を利用すれば、このような手間を省くことができる。

(4) 与信機能

　現金以外の支払手段の中には、支払いに伴う距離の問題を解決するだけでなく、時間の問題を解決してくれるものもある。たとえば、東京から地方に転勤して、通勤のために車を購入する必要が出たとしよう。けれども、車の代金を一括で現金で支払ってしまうと当面の資金繰りが厳しくなってしまうという場合には、クレジットカードで購入した上で、分割払いにすれば、将来、給料やボーナスが支払われるごとに分割して弁済すればよいことになる（もちろん、その分の利息は支払わなければならない）。このように、現金以外の支払手段には、支払いを待ってもらえるという第四の機能もある。これは、売主側から見れば、対価の支払いを同時履行せずに時間的猶予を与えていることになるから、実質的には貸付（与信）を行っていることになる。

(5) さまざまな特典

　さらには、現金以外の支払手段には、現金による支払いにはない、さまざまな追加的なサービスや特典が付随してくることがある。たとえば、英会話学校の受講料をクレジットカードの分割払いで支払ったとしよう。この場合、もしも英会話学校が当初の説明よりも低いサービスしか提供してくれなかったり、さらには倒産してしまったりしたような場合、私たちは、クレジットカード会社に対する分割払いの支払いを停止することができる場合がある（抗弁の接続）。これは、売主の信頼性に関するリスクを、私たち買主からクレジットカード会社に移転してしまうという効果である。また、電子マネーやクレジットカードの利用には、ポイント制などの特典が付随していることがあり、これも私たちがそれらの支払手段を使う動機の一つになっている。

(6) 匿名性

なお、以上の現金以外の支払手段の利用動機とは逆に、現金を使うことの動機には、匿名性というものもある。現金以外の支払手段の多くは、どこでどのような支払いを行ったかの記録が残されるが、現金には「名前を付けることができない」から、そのような記録が残らない。このため、脱税を意図している場合や、浮気のための食事代を支払う場合などは、現金で行った方が安全である。しかし、このような目的は、本書の扱う対象ではない。

2 支払手段法の機能

(1) 現金代替物の創出

以上のように、私たちが現金以外の支払手段を活用する動機には、さまざまなものがある。けれども、現金以外の支払手段を私たちが利用するためには、商品やサービスの売主の側が、これらの支払手段を受け入れてくれる必要がある。対価として現金を受け取った売主は、これを自らの売買の際の交換手段として活用したり、貯蓄したりするなどして活用できる。しかし、現金以外の支払手段は、直接的にはそのような機能を有していない。このため、売主に現金以外の支払手段を受け取ってもらうためには、それらの支払手段を、容易に現金に交換できる、すなわち、現金代替物たり得る、ということを売主に信じ込ませることができなければならない。

売主にこのような信頼を生じさせるために法ルールがとり得る方法には、三つのものがある。第一に、買主が事前に第三者に対して資金を提供しておき、その第三者から資金を受け取る権利を売主に与える、という方法がある。通常は、この第三者は銀行などの金融機関であり、(一部の)電子マネー、デビットカード、小切手、為替手形などがこの方法に属する典型的な支払手段である。第二に、買主が第三

者に資金を準備してもらって、この第三者から資金を受け取る権利を売主に与え、後で買主がこの第三者に資金を提供する、という方法がある。クレジットカードがこの方法に属する典型的な支払手段である。第三に、買主が売主に対し、自らが代金支払債務を負担しているとして、その将来の履行を約束するような文書を提供する方法がある。この方法に属する典型的な支払手段が、約束手形である。

このように、支払手段をめぐる法ルール（支払手段法）は、まずは現金以外の支払手段を現金の代替物たり得るようにするために機能している。さらに、そのような機能をより効果的に実現するために、支払手段法は、他のさまざまな機能をも有している。

(2) リスクの配分

現金以外の支払手段が、現金の完全な代替物ではなく、不完全な代替物でしかない以上、そこには現金による支払いには存在しなかったさまざまなリスクが介在してくる。前述したように、現金による支払いには、それによって確定的な資金移動を実現させ、決済プロセスを完了させる効果がある。しかし、現金以外の支払手段については、そのような効果をただちに導いてよいかどうかは自明ではない。たとえば、クレジットカードや電子マネーが盗難に遭い、第三者が勝手にそのカードを使ってしまった場合、そのような支払いの効果はどうなるのだろうか。売主から提供された商品やサービスに欠陥があって、売買契約等を解除したり瑕疵担保責任を追及したい場合、そのことをもって支払プロセスを停止できるのだろうか。このように、現金以外の支払手段を活用する際に発生する多様なリスクを、誰にどのように配分するのかを決めるのが、支払手段法の重要な役割である。

リスク配分の仕方は、もちろん、当事者同士で交渉して、その最適なあり方を合意で決められるのであれば、それに越したことはない。しかし、契約の当事者になっていない者同士が交渉することはそもそ

もできないし、社会の中で無数に行われる取引についていちいち交渉で合意内容を決定していくとしたら、多くのコストの重複が発生して無駄である。支払手段が多くの当事者によって利用されるものである以上、その内容はある程度標準化していることが望ましい。そこで、支払手段法（約款も含む）は、「もしも当事者が事前に交渉したのであれば、たいていの場合はそうなるだろう」と思われるようなリスク配分を採用していることが多い。そうすることによって、社会的に見て望ましいリスク配分を実現できるし、当事者による交渉コストも節約できるからである。

(3) ファイナンス

最後に、支払手段法は、ファイナンス（貸付・借入）を容易にさせるという役割をも果たすことがある。前述した支払方法のうち、買主が売主に対して支払約束を直接提供する場合においては、売主は、売買取引の当事者としての役割と、買主に対する貸付者（債権者）としての役割、二つの役割を同時に果たすことになる。しかるに、書店のような小規模事業者は、通常は、買主に対する貸付者としての役割を進んで果たしたがることはあまりない。あなたのような得体の知れない買主が、将来きちんと弁済してくれるかどうか、売主にはわからないからである。そうすると、このような支払手段は、売主になかなか受け入れてもらえないことになりそうである。

しかし、もし、買主によるこの支払約束を、他の当事者に迅速に売却して現金化できるのであれば、売主が貸主としての役割を果たしてもよいと考えることが多くなるだろう。たとえば、小規模事業者よりも貸金ビジネスに通暁した銀行など金融機関に対して、買主に対する代金債権を容易に譲渡できるのであれば、売主は、支払約束を、現金に代わる支払手段として受け入れやすくなる。このような譲渡性（流通性）を通じた貸付・借入の容易化というのも、支払手段法の果たす

重要な役割である。

　もっとも、このような譲渡性を導入した場合、買主は、売主に対する債務不履行や瑕疵担保責任などの抗弁を銀行に対しても主張したいと考える一方で、銀行は、そのような抗弁の対抗を受けたくないと考えるであろうし、また、買主が、倒産などによって支払不能になった場合のリスクを引き受けることもしたくないと考えるであろう。このように、譲渡性を導入することによって、支払プロセスに追加的なリスク分配の問題が発生する。そこで、相対立する当事者の利益を上手に調和させ、すべての当事者にとってより低いコストで支払いを実現できるような法ルールを、支払手段法が提供する必要が出てくることになる。

3　現金以外の支払手段を受け入れる動機

　商品やサービスの売主の側が、現金以外の支払手段を受け入れてくれるのには、何らかの理由があるはずである。現金以外の支払手段による支払いを受け入れた場合、典型的にはクレジットカードや電子マネーによる支払いを受け入れた場合には、私たち買主と売主の間に立って決済システムを運営している事業者に対し、売主は、売上の何パーセントかの手数料を支払ったり、クレジットカードや電子マネーを読み取るための装置を店頭に設置したりする必要があり、現金以外の支払手段を受け入れる際には、現金での支払いに比べると追加的なコストが発生している。売主は、なぜそのようなコストを負担してまで、現金以外の支払手段を受け入れるインセンティヴを持つのだろうか。これには、大別して三つの理由がある。

　第一の理由は、顧客サービスの向上を通じた、売上の増加である。もし現金による支払いにしか対応していなければ、たとえば高額の商品を買いたいと考えている顧客がいても、手元に十分な現金を有して

いない場合には、その顧客は商品の購入を諦めてしまうであろう。けれども、もしクレジットカードによる支払いを受け付けていれば、その顧客は購入に踏み切ってくれるかもしれない。場合によっては、現金で支払うよりも、現金以外の支払手段で支払った場合の方が、目先のコスト負担が少なく感じられる、という心理的な錯覚を購入者に与えることで、より多額の売上をもたらすことさえできるかもしれない。クレジットカードによる支払いを受け入れた場合であれば、売主は、クレジットカード会社に3～4％程度、デビットカードであれば銀行などに1.5％程度の手数料を支払わなければならないのだが、その手数料を支払っても売上の増加による収益の拡大の方が大きければ、現金以外の支払手段を認めることが合理的な経営判断となる。

　第二の理由は、現金以外の支払手段を認めることを通じた、顧客の購買行動に関する個人情報の収集である。前述したように、私たち買主にとっての現金による支払いのメリットの一つは、支払いに関する情報の匿名性にある。これに対し、現金以外の支払手段を利用した場合、どのような属性の顧客がどのような商品をどこでいつ購入したのかという情報が、決済システムを運営している事業者に対して提供されるようになっていることがしばしばある。もちろん、このような個人情報の利用については、その支払手段の利用を開始する際に私たちが同意を与えていることになっている。このような多数の個人情報を統計的に処理することによって、決済システムの運営事業者は、消費者行動に関する価値の高い情報を得ることができ、マーケティング活動などに生かすことができるのである。ただし、このようなデータの活用が個人情報の保護との関係でどこまで許されるのかについては、大きな議論がある。

　最後の理由は、ポイント制などを活用した、顧客の囲い込みである。現金以外の支払手段の利用について、ポイントなどの特典を発生させれば、消費者は、その支払手段を繰り返し利用することによって

ポイントを貯めようとしたり、あるいは、そのポイントを再度使えるように同じ店舗での利用を繰り返そうとしたりするであろう。このような囲い込み効果を狙って、売主が現金以外の支払手段を採用しようとすることもある。後述するように、わが国の手形・小切手制度は、事実上、一般消費者を排除した事業者・金融機関を中心としたネットワークとして機能しており、これも、囲い込みの一種と理解することができる。

第2節　支払手段の特徴

(1) 紙ベース／電子ベース

　現金以外の支払手段については、いくつかの分類が可能である。まず、紙ベースのものと電子ベースのものとが区別できる。小切手や手形などの有価証券が紙ベースの支払手段であり、クレジットカードや電子マネーなどが電子ベースの支払手段である。

　紙ベースの支払手段の場合、決済の内容に関する情報の伝達に時間とコストがかかる。情報が紙に記載されているから、その紙を物理的に持ち運んだり記載されている内容を拾い出したりするのには時間がかかるし、費用もかかる。さらには、中途で情報が改変されてしまったり、物理的な紙を紛失したり盗難に遭ったりするリスクも高まってしまう。

　これに対し、電子ベースの支払手段の場合、初期投資を行って情報伝達に必要なコンピュータネットワークシステムを構築しさえしてしまえば、その後は、決済の内容に関する情報を瞬時に低コストで伝達することができる。さらに、物理的な紙が存在しないから、紛失や盗難のリスクはほとんどないし、コンピュータシステムの故障以外で

は、中途で情報の改変や欠落が発生することもほとんどないから、決済取引に関する安全性も高まる。このため、コンピュータネットワークの構築に必要な初期投資費用が情報技術の発達により減ってきて、同時に、取引量の増大によって決済事務に対するニーズが増大してきている今日では、紙ベースの支払手段から電子ベースの支払手段への移行が進んできている。

(2) 決済手段

次に、支払手段は、決済手段として何を利用しているのかによっても区別できる。すべての支払手段は、債務を消滅させるような確定的な資金移動を実現するために存在しているが、そのような資金移動（決済）がどのような決済手段によって実現されるかは、一様ではない。詳しくは後述する各支払手段の箇所でそれぞれ説明するが、たとえば、電子マネーにおいては、電子マネーという電子データの移動によって決済がなされるのに対し、銀行振込や小切手は、預金債権の移動によって決済がなされる。現金による支払いの場合には、もちろん現金の移動である。

(3) ユニバーサル／ネットワーク

さらに、ユニバーサル型の（普遍的な）システムか、ネットワーク型のシステムか、という区別も可能である。ネットワーク型システムにおいては、そのネットワークに参加している者しか、その支払手段を利用できない。たとえば、クレジットカードは、カード会社に申し込んでカードの交付を受けたカード利用者と、カード会社と契約を結んでいる小売店（国際ブランドのステッカーが貼ってある店）との間でしか使えない。これに対し、小切手や手形などの有価証券は、特定のネットワークに加盟していなくとも、誰に対する支払いについても、法ルール上は、利用可能である（実際に小切手や手形による支払いを受

け入れてくれるかはまた別の話であるけれども）。ユニバーサル性の最も高い支払手段が、現金である。

　ネットワーク型システムの方が、事前に利用者のチェックができたり、履歴を残しやすかったりという点で安全性が高いし、当事者間の契約（約款）で柔軟な処理が可能になるというメリットがある。しかし、重要な取引類型については、ユニバーサルな支払手段の利用可能性も準備しておくことが望ましいだろう。ネットワーク型システムにおいては、ネットワークに参加できない人が、経済取引から排除される結果になるからである（たとえば、米国においては、クレジットカードの保有の有無によって、その者の経済的地位が区分される）。だから、たとえば公共料金の支払いは、現金でもできるようになっているのである。

(4) オープン・ループ／クローズド・ループ

　そのほか、オープン・ループ型の支払手段とクローズド・ループ型の支払手段という区別もある。クローズド・ループ型の支払手段においては、証券・電子マネーなどの決済手段を、いったん発行機関に対して戻さないと決済を行うことができない。これに対し、オープン・ループ型の支払手段においては、決済手段をいったん発行機関に戻す必要がなく、当事者間で何度でも支払いに利用することができる。現金が典型例である。

　伝統的な支払手段は、オープン・ループ型のものが多かったが、最近では、クローズド・ループ型を原則とするものが増えてきている。それは、オープン・ループ型においては、不可避的に支払手段の偽造変造などのリスクが増えたり、決済完了性が付与される時期が遅くなったりしてしまうという不都合性があるからである。逆に、それらの点を克服できるのであれば、オープン・ループ型であっても構わないことになる（たとえば、ブロックチェーン技術の活用など）。もちろ

ん、クローズド・ループ型の場合は、発行機関での事務処理量が増えるけれども、電子化が進めばそれらのコストは大きなものではなくなるから、近時はクローズド・ループ型の支払手段が増加してきているのであろう。

(5) 決済の当事者と決済機関

　支払手段を考える際に重要な最後の区別は、決済当事者と決済機関である。支払手段を利用する場合には、売買契約によって発生した代金債務を弁済したいなど、何らかの債権債務関係（原因関係と呼ばれる）が存在していることが通常である。このような原因関係の当事者として、支払手段を利用することによって決済を実現しようとする者が、決済の当事者である。これに対し、決済の当事者の間に介在し、原因関係上の債務者から債権者まで資金を移動させる役割を担当するのが、決済機関である。

　現在では、支払手段にはほぼ例外なく決済機関が存在する。そして、決済機関の事務の効率性を考えると、決済の当事者の間に存在する原因関係に伴うさまざまなリスクを遮断してしまうことが、通常は望ましい。決済機関が行うのは、多数の決済当事者間の膨大な量の資金移動についての、迅速かつ大量のデータ処理が必要な事務作業である。にもかかわらず、この資金の移動の有効無効が決済機関のあずかり知らない決済の当事者間の原因関係上のリスクに影響されることになると、決済機関としては、資金の移動を行う前に原因関係上のリスクについて調査する必要が出てくるかもしれない。しかし、決済機関は原因取引について調査する手段を持たないから、結局、争っている当事者のいずれの主張が正しいのかを判断することはできない可能性が高い。そうなると、原因関係上のリスクが解消するまで待ってから資金の移動を行うことになるかもしれず、それでは、迅速で簡便な決済を実現したいという、支払手段の利用者のニーズがかえって阻害さ

れてしまう。

　ところが、支払手段の中でも手形（特に約束手形）は、法律の建前としては、決済機関の存在を予定していない。手形法の制度上は決済当事者と決済機関が未分化であり、支払人（約束手形であれば振出人）が一種の決済機関としての役割を果たすのである。にもかかわらず、為替手形の支払人や約束手形の振出人には決済当事者としての利害があるから、さまざまな抗弁を主張して手形金の支払いを拒もうとすることがある。これは、決済機関が存在する支払手段で言えば、決済機関が原因関係をめぐる事情に通じているという特殊な状況に相当すると考えられる。手形（特に約束手形）とその他の支払手段を統一的に理解しようとするときには、こうした議論の前提のズレを理解しておくことが重要である。

第3節　決済システム

1　決済システムの機能

　前述してきたような現金以外の支払手段（ペイメント、payment）は、どれも現金代替物としての機能を持っているのであった。ということは、それらの支払手段によって決済（セトルメント、settlement）を行う、すなわち、資金等の移転によって債権債務関係を消滅させるためには、最終的には現金または中央銀行（日本では日本銀行）の預金の移動を行わなければならない。そのような決済を円滑に行うための仕組みが決済システムであり、中央銀行や金融機関などが中心になって決済システムを形成している。前に、支払手段のファイナリティについて説明したが、決済システムについてもファイナリティ

（決済）の概念が観念される。ここでは取消不能で無条件の決済がなされて当事者間の決済を完了させること（通常は現金または中央銀行における預金口座間の資金移動によってなされる）が決済完了性（ファイナリティ）である。決済システムは、このようなファイナリティを迅速かつ安全に実現することを目指して構築されるのが通常である。

なお、決済システムには、資金の移転を目的とする資金決済システムのほかにも、株式・国債・社債などの証券の取引が実行された場合に証券の引渡しと売買代金の受払いを行うための証券決済システムがあるが、本書では扱わない。また、資金決済システムの中でも、ドルやユーロなど円以外の外貨が関連するものは外為決済システムと呼ばれるが、これも本書の対象外であり、円同士の決済システムのみを扱う。

決済システムは、銀行振込のほか、電子マネー・クレジットカード・手形など、多くの支払手段の背後で動いているシステムである。現在利用されている支払手段の多くが、現金のやりとりではなく、最終的には銀行口座の残高の増減という形で最終的に処理されている以上、異なる銀行間で資金のやりとりを行う、銀行間決済システムが重要な役割を果たしていることになる。決済システムが安定的かつ効率的に運用されることによって、金融市場や金融システムが有効に機能し、資金が経済全体に流通していくことになるから、決済システムは日本経済全体にとって非常に重要な役割を果たしているのである。

もしも決済システムの運用に多額のコストがかかるならば、たとえば東京から大阪まで送金するのに多額の手数料が発生し、多くの商取引に追加的なコストが発生してしまうであろう。もしも決済システムが迅速に運用されていないならば、東京から大阪まで送金するのに多くの日時がかかり、商取引が完了するまでに多くの時間がかかってしまうであろう。また、もしも決済システムが不安定で、東京から大阪まで送金する間に金額等のデータの欠落が発生してしまうならば、そ

のことから発生する紛争の解決に多くの時間とコストが費やされることになる。決済システムは、商取引のうちの資金移動の部分にしか関与してはいないけれども、現金でなされる決済以外のすべての商取引に付随するものである以上、決済システムをいかに安定的かつ効率的に設計するかは、決定的に重要なのである。

2 決済システムの規制

　決済が滞りなく行われて資金移動が実現すれば（それが通常であるが）何も問題はない。けれども、決済システムを運営していく際には、さまざまなリスクが存在している。たとえば、決済システムに参加している金融機関の一つが破綻したとすれば、決済システムに参加している他の金融機関は、破綻金融機関から資金の移動を受けられず、損失を被るリスクがある。また、破綻はしなくとも、十分な手元流動性を保有していないと、相手方金融機関に対して予定どおりの支払いをなし得ないことがあり、そのような流動性リスクも存在している。そして、これらのリスクの発現によって一つの金融機関が支払不能になると、他の金融機関の支払いが連鎖的にストップし、これが金融システム全体の混乱に波及する危険性も考えられる。これは、システミックリスクと呼ばれ、決済システムが多くの参加者を結びつけるネットワークとしての性格をも有していることから生ずる、連鎖反応のリスクである。

　このようなシステミックリスクが発現してしまうと、金融機能が麻痺し、実体経済にも大混乱をもたらすことになりかねない。このことを考慮して、伝統的には、決済システムの運営は、規制業種である銀行等の金融機関しか行うことができないのが長らくの原則であった。銀行法2条2項は、銀行業を、与信・受信（1号）、または、為替取引（2号）のいずれかを行うことと定義しているが、この為替取引が

決済を伴う隔地者間の資金移動を意味しているのである。為替取引を行う際には、自行に口座を設けさせておいてそこに入金させるのが便利であるから、両者が相まって銀行業を定義してきたことにはそれなりの理由がある。

　もっとも、銀行業を始めとする金融機関が厳格な規制を受けているのは、為替取引と決済システムの運用がもたらすシステミックリスクの可能性だけによるのではない。与信・受信取引を営んでいることも規制の根拠としては重要である。

　銀行等の金融機関の債権者は、私たちのような小口の分散した預金債権者が大部分である。通常の事業会社であればより大口で集中した債権者（取引先金融機関や取引債権者）が存在しており、そのような債権者により事業会社に対するモニタリングがなされる。これに対し、私たちのような小口の分散した預金債権者は、債権額が小さいから金融機関の事業経営をモニタリングする能力を持たないのが通常だし、他の預金債権者のモニタリングにただ乗り（フリーライド）しようとするインセンティヴが働くから、十分なモニタリングがなされない。にもかかわらず、金融機関が破綻してしまうと、私たちのような多くの預金債権者に損害を与え、社会全体に大きな混乱をもたらす危険性がある。だからこそ、銀行のような金融機関には、預金保険のようなセーフティネットとともに、銀行法のような厳格な規制や、自己資本比率規制などによって、より安定的な経営をするような枠がはめられているのである。

　これに対し、決済業務のみを行うことについて、どこまで厳格な規制が必要かは必ずしも明らかではない。たしかに、金融機関同士の大規模な決済システムに参加する際には、前述のシステミックリスクの発現を防止するため、厳格な規制が必要になるであろう。けれども、現存している決済システムは、いずれも参加要件を厳格に絞っているし、参加金融機関のリスクに応じたシステムが設計されているから──

たとえば参加金融機関の一部が破綻した場合には他の参加金融機関が損失を分担することになっていれば、不健全な金融機関を決済システムに参加させるインセンティヴは、通常存在しない――、法規制という形での厳格な規制は――自主規制は必要にしても――必ずしも要らないように思われる。

　そして、金融機関同士の大規模な決済システムに参加するのではなく、自らと私たちのような消費者との間の小口の取引の決済を行うだけであれば、システミックリスクをもたらす危険性は小さいから、銀行等の金融機関に要求されているような厳格な規制を課す必要性はない。その場合に必要な規制は、決済を行う業者が、倒産したり、預かった資金を持ち逃げしてしまったりした場合に、私たちのような利用者が、預託してあった資金の返還を受けられないという損害を被ることを防ぐための規制くらいであろう。そうすると、そのような利用者の被害を防止するためには、預託額の一部または全部を分別管理して、倒産や持ち逃げなどから隔離するような規制さえあれば十分だ、ということになる。銀行以外の者にも「資金移動業」として送金業務（少額の為替取引）を営むことを認める資金決済に関する法律（平成21年法律第59号）は、本来はこのような意図で導入された立法である（第3章第6節）。

第2章
電子マネーと仮想通貨

第1節 電子マネー

1 プリペイド式電子マネー

(1) 基本的な仕組み

　電子マネーは、電子データのやり取りによって支払いを実行する仕組みである。ICカードを利用したものや携帯電話に組み込まれたものなどを中心として、少額の消費者取引に広く用いられるようになってきたから、多くの読者にとっては、身近な支払手段と感じられるであろう。その多くは、あらかじめ入金（チャージ）した上で、その金額の範囲内で利用するというプリペイド式のものである。

　プリペイド式の電子マネーによる決済は、三つの契約によって成り立っている。その第一は、電子マネーの運営会社と電子マネーの発行主体（イシュア）との間の「イシュア契約」である。電子マネーには、通常、親しみやすい名称がつけられているが、同じ名称の電子マネーであっても、それが搭載されたカードには多くの種類がある。これは、一つの電子マネーを運営する運営会社が多数の発行主体との間でイシュア契約を締結し、それぞれに対してカードを発行する権限を与えることで可能になっている。第二に、発行主体がカードを利用者に対して発行する際には、発行主体と利用者との間に「カード利用約款」に基づく契約関係が成立する（カードの発行ではなく、携帯電話に電子マネーが記録されるのであれば、「携帯電話利用約款」である）。第三には、電子マネーの利用を受け付ける店舗が、電子マネー運営会社との間で「加盟店契約」を締結し、加盟店となる。

　カード利用約款（例として**資料1**）によれば、利用者は一定の金額

第1節　電子マネー

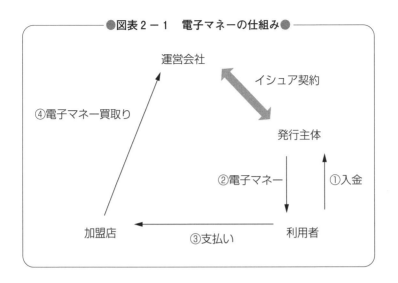

図表2−1　電子マネーの仕組み

を支払って、電子マネーを購入する。すなわち、「入金」は、電子マネーという電子データの購入と理解されている。この場合に、発行主体は運営会社に対して発行業務を委託し、運営会社から利用者に対して電子データが移転されることになっている。他方で、利用者が加盟店に対して支払った電子マネーについては、加盟店契約の中で、運営会社が買い取る義務を負っている。発行主体が発行した電子マネーの買取りであるから、本来は発行主体が買い取ることになるはずであるが、これについても、イシュア契約の中で、買取りが運営会社に委託されているのである（**図表2−1**）。

利用者と加盟店の間で行われる「電子マネーによる支払い」については、その法的性質をめぐって、さまざまな学説が唱えられている。カード利用約款には「加盟店に対しては電子マネーにより代金の支払いができる」と定められており、それを文字どおりに読めば、電子マネーという電子データの移転による代物弁済（民法482条）を加盟店が包括的に承諾しているということではないかと思われる。

(2) 原因取引と支払関係

　ところで、加盟店で商品を購入し、ICカードから電子マネーが移転された後に、購入する商品を間違えたことに気づいたり、商品に欠陥のあることがわかって返品したりしたときにも、カード利用約款によれば、引き落とされた電子マネーが回復されることはない。このような場合、売買契約自体は錯誤によって取消可能となり（民法95条）、あるいは債務不履行を理由として解除ができる（民法541条）といった可能性があるが（特約で、より広く返品を認めることも多いであろう）、電子マネーによる支払いはその影響を受けないのである。また、支払いの時に、店員が金額を打ち間違えたため、電子マネーが必要以上に移転されてしまったとしても、やはり電子マネーは回復されない。もちろん、これらの場合に、加盟店は代金や差額の返還義務を負わないわけではなく、現金を利用者に返金することになる。

　このように、支払いに際しては、原因となった商取引と支払関係それ自体とを区別し、原因取引が支払関係に影響を与えないという考え方がとられる場合が多い。このことを、支払いは原因関係から独立であるとか、「無因である」と言う。これに対して、原因取引と支払関係とを区別したとしても（区別しない法律構成もあり得る）、支払関係は有効な原因取引を前提としているという考え方をとることもできる。その場合には、支払いは「有因である」と言う。

　電子マネーのように少額の支払いを店頭で行う場合には、いずれにせよ、ただちに現金で返金が行われるであろうから、有因と無因の区別は、実質的には大きくない。それにもかかわらず、電子マネーの利用約款が無因の考え方をとっている理由は、支払いのためのシステムを商取引上の紛争から切り離しておく方が、一般的には効率的だからである。錯誤の成否や債務不履行の有無、さらには売買契約に定められた返品の条件が満たされているか否かなどは、複雑な事実の認定や条文の解釈といった作業を伴う判断であって、決して簡単ではない。

電子マネーの運営主体が紛争のたびにそうした判断を求められるようでは、電子マネーの仕組み全体が非常にコストの高いものになってしまい、安価で便利なサービスを受けるという利用者の利益は、かえって損なわれるであろう。そこで、原因取引上の紛争は利用者と加盟店の間で解決させることにして、電子マネーによる支払いはそれとは独立した無因の取引とされているのである。

(3) 利用者にとってのリスク

電子マネーを格納したICカードが無記名式の場合には、カード利用約款によれば、ICカードを利用者が紛失しても、損害は利用者がすべて負担することになっている。その代わりに、カードに入金できる金額には、数万円という低い上限が設定されている。この程度の金額であれば、現金を財布に入れている状態と同じであり、暗証番号や署名の照合といった本人確認を行わない便利さと引換えに、ICカードの管理について利用者に注意義務を負わせることにも合理性があると言えよう。セキュリティに一層配慮して、記名式で発行され、紛失に気付いた利用者からの申出があれば使用停止・再発行の措置をとるという仕組みのICカードも多く利用されている。オートチャージの仕組みがとられている場合はこうした上限額の設定によるセキュリティの確保ができなくなるので、サービス利用を停止する手順を十分に周知していないと運営主体に不法行為（説明義務違反）の責任が発生する可能性もある（東京高判平成29・1・18金法2069号74頁）。

ICカードの破損や電磁気の影響等によるデータ異常の場合には、紛失とは異なって、残額の返還や再発行がなされることになっている。そのときはICカードが他の者によって利用される危険がないからである。残額は、電子マネー運営会社の側で利用履歴を確認すれば容易に判明する。

電子マネーに用いられるICカードには、通常、偽造やデータの改

竄(変造)ができないような規格が採用されている。したがって、偽造や改竄によって作り出されたデータは「有効な電子マネー」かという問題は、理論的なものにすぎないと言ってよい。「有効」ということの意味は、偽造または改竄されたデータを受け取った加盟店が、電子マネー運営会社に対してそのデータの買取りを求められるかという点に帰着するから、加盟店契約の規定（明文の規定がなければ解釈）によって決まる問題であるが、技術規格を定めるのは電子マネー運営会社の側であって加盟店ではないから、加盟店が偽造や改竄に加担している場合でない限り、「有効」に買取りを認める方が合理的であろう。そのとき、偽造や改竄のリスクは、システム全体の運営上のコストとして、すべての関係者が負担することになる。

(4) 電子マネーの払戻し

いったんICカードに入金された電子マネーの払戻し（現金化）が必要となったときに、発行主体に資力がなく、事実上、払戻しが受けられないというのでは、利用者の保護という観点から問題がある。小規模かつ分散多数の利用者には、発行主体をモニタリングする能力もインセンティヴもないからである。そこで、資金決済に関する法律は、電子マネーを「第三者型前払式支払手段」と位置づけて、発行主体は内閣総理大臣（金融庁）の登録を受けた法人に限り（同法7条）、かつ、未使用残高の2分の1以上に相当する額の発行保証金を供託するか（同法14条1項）、その保全契約（同法15条）または信託契約（同法16条1項）を締結しなければならないものとした。利用者は、発行保証金について先取特権を有する（同法31条1項はこの意味である。証券取引法97条（現在の金融商品取引法114条4項）に関する広島地判昭和31・6・22下民集7巻6号1606頁参照）。

2　ポストペイ式電子マネー

　電子マネーが、利用前に入金するのではなく、ICカードや携帯電話による支払い後、一定の期日に利用額が引き落とされるという方式をとる場合には、「ポストペイ式電子マネー」などと呼ばれる。プリペイド式との重要な違いは、取引当事者間の支払いと電子マネー発行主体による資金の回収との間に時間差が存在するため、支払いを行った者に対する与信の関係が発生するという点にある。その結果として、ポストペイ式の電子マネーは、クレジットカードと多くの共通点を有している（電子マネーはプリペイド式のものに限られ、ポストペイ式の電子マネーはクレジットカードそのものであるという考え方もある）。実際にも、ポストペイ式の電子マネーは、クレジットカードの保有者に対して、クレジットカードの利用額と併せて請求するという形で提供されている。

　ポストペイ式の電子マネーに関する法律問題のうち、電子データの移転を通じた支払いにかかわるもの（たとえば偽造された電子データの有効性）については、プリペイド式の電子マネーと同様に考えることができ、それ以外の、発行主体による最終的な決済にかかわるものは、クレジットカードの場合と基本的に等しい。それぞれ、本書の該当箇所を参照してほしい。

3　サーバ型電子マネー

　ICカードや携帯電話といったデバイスを利用せず、オンライン上で利用される決済の仕組みを、「サーバ型電子マネー」と呼ぶことがある。コンビニエンスストア、ゲームショップなどの店頭やオンライン取引でパスワード（複数桁の番号）を購入し、それを入力して購入

金額の範囲内で支払いに利用するという仕組みであり、オンラインゲームや音楽等のコンテンツのダウンロードに多く利用されている。また、カードが発行されていても金額データはカード上にはなく、カードの読み取りによって利用者を認証すると、その都度、発行主体のサーバ上に保存された金額データが呼び出されるという仕組みのものもある。これも、サーバ型電子マネーである。

サーバ型電子マネーの場合、電子データが利用者から加盟店に直接移転されるわけではないから、ICカード型と同じような意味の「電子マネー」ではない。発行されるパスワードやカード上の情報を本人確認の手段として加盟店に対する振込の指図が実行される仕組みであり、決済手段は預金債権であると見た方が適切である。

サーバ型電子マネーについても、プリペイド方式である以上、発行主体の資力に関するリスクが存在する。ところが、従来の前払式証票の規制等に関する法律は、「前払式証票」の定義について証票に金額が記載または記録されていることを要件としていたため、サーバ型の電子マネーには適用されてこなかった。これは、利用者保護の観点から明らかに問題があるので、資金決済に関する法律により、サーバ型電子マネーも「前払式支払手段」の定義に含められることになった。その結果、発行者自身から物品・サービスを購入する場合にのみ利用できるサーバ型電子マネーは「自家型前払式支払手段」として内閣総理大臣（金融庁）への届出が必要となり（同法5条）、汎用性があり複数の事業者から物品・サービスを購入することができるサーバ型電子マネーは「第三者型前払式支払手段」として登録を受けた法人のみが発行できることになった（同法7条）。なお、いずれの場合も、未使用残高の2分の1以上に相当する金額を発行保証金として供託しなければならない（同法14条）。

第2節　プリペイドカード

　ICカードを利用しないプリペイドカードは、現在でも広く利用されている。電子マネーと同じように、カードの発行主体が商品・サービスを提供する商店とは別になっている場合（第三者型前払式支払手段）もあるが、商店自身が「回数券」「利用券」などと称して磁気カードや紙のチケットを発行する例（自家型前払式支払手段）も、きわめて多い。これらのプリペイドカードの法律構成については、いくつかの考え方が対立しているが、サーバ型電子マネーと同様に考えれば、磁気情報の読み取りやカードの呈示によって本人確認（利用資格の確認）が行われ、支払指図が実行されていると言えよう。その場合、決済手段は預金債権ということになる。

　第三者型か自家型かを問わず、プリペイドカードには、資金決済に関する法律が適用される。ただし、自家型は、利用者に対する影響が小さいと考えられるため、発行主体となるために登録を受ける必要はない。内閣総理大臣（金融庁）に届け出て、未使用残高の2分の1に相当する金額を発行保証金として供託すれば、誰でも発行することができる（同法5条・14条）。

第3節　仮想通貨と擬似通貨

1　仮想通貨

　これまでに見てきた電子マネーなどのほかに、いわゆる仮想通貨を

支払手段として利用することも、始まりつつある。仮想通貨とは、法定通貨（円など）ではないにもかかわらず、法定通貨同様に不特定の者との間の取引において利用可能（ユニバーサル型）な電子的な支払手段である（資金決済法2条5項参照）。仮想通貨はさまざまな技術をベースにして構築することができるが、近時の仮想通貨において一般的なのは、ブロックチェーン技術を活用したものである。

これまでの多くの支払手段では、取引を記録し、取引情報の真正性を担保するためのデータベースを中央に設置し、取引参加者がそのデータベースに都度アクセスすることで取引を行ってきた（集中型台帳）。これに対し、ブロックチェーン（分散型台帳）ではすべての取引参加者の手元に、取引を記録するためのデータベースを設置し、それによって取引情報の真正性を担保していく。誰でも利用できるパブリック型のブロックチェーンが多いが、特定の当事者の間でしか利用できないプライベート型のブロックチェーンも活用されている。また、ブロックチェーン技術自体は、仮想通貨のような支払手段だけでなく、決済システムや契約（スマートコントラクト）などほかの情報についても利用可能である。

電子マネーなどの集中型台帳を利用した支払手段においては、中央に設置されたデータベースのセキュリティを確保するために多くのコストがかかる。これに対し、ブロックチェーンにおいては、データベースの改変を行うためには、多数の取引参加者の手元にあるデータベースを同時に改変しなければならないため、取引情報の偽造は著しく困難であり、比較的安価にデータベースのセキュリティを確保できる。電子マネーにおいては、セキュリティを確保するためにクローズド・ループが採用されることが多いが、ブロックチェーンを利用すればオープン・ループの支払手段であってもセキュリティを低いコストで確保できる。

最近普及の進んでいるパブリック型ブロックチェーンを活用した仮

想通貨を利用した支払いにおいて、決済の当事者間においてどのような法律構成が採用されるのかは、決済の当事者間の合意次第である。明示の合意がなされていればそれに従うが、明示の合意がない場合には、仮想通貨による支払いによって原因関係上の債権が代物弁済され、原因関係に何らかの瑕疵があってもそれは支払関係には影響しないという無因構成を採用するという黙示の合意があると解するのが合理的であろう。ブロックチェーンにおいては、決済機関が存在しない（あえて言うならば参加者全員が決済機関）ので、決済機関を取引に関与させることはできないからである。

　もっとも、パブリック型ブロックチェーンを活用した仮想通貨は、膨大な取引履歴が記録されるためにデータベースの情報量が多くなりがちで、参加者の端末で直接扱うには不便なことが多いし、データベースの更新（＝ファイナリティ付与）に時間がかかるとその間に二重譲渡がされるリスクも高まってしまう。そこで、現実には、仮想通貨を直接支払手段として扱うのではなく、仮想通貨を取引所に預けた上で、アプリやAPIを利用して取引所の残高を決済の当事者間で移転する形で支払を行うことが多い。こうすることによって、膨大なデータベースを直接扱う必要はなくなるし、取引所が即座にファイナリティを付与してくれる。

2　仮想通貨交換業

　このように、支払手段としての利便性を高めるために取引所を経由して仮想通貨が利用されるとなると、仮想通貨の利用者は、取引所が破綻した場合に仮想通貨や払い込んだ資金を取り戻すことができないかもしれないというリスクを引き受けることになる（たとえば、東京地判平成27・8・5 D1-Law28233102・LEX/DB25541521（Mt. Gox事件）を参照）。しかるに、仮想通貨の利用者が、取引所の破綻リスクをモ

ニタリングすることは、通常は難しい。そこで、2016年に資金決済に関する法律が改正され、仮想通貨交換業に対する規制が導入された。

　仮想通貨交換業を営む者は、内閣総理大臣（金融庁）に登録しなければならず（資金決済法63条の2）、顧客資産と自己資産の分別管理を行った上で会計監査を受けなければならない（資金決済法63条の11）。仮想通貨交換業者はこのほか、情報の安全管理（資金決済法63条の8）、利用者の保護措置（資金決済法63条の10）、紛争解決機関との契約締結（資金決済法63条の12）などを行わなければならず、これらの義務に違反した場合には立入検査や業務改善命令などの行政処分の対象になる。

　分別管理と会計監査の組み合わせという仮想通貨交換業者の破綻リスクに対する対処方法は、前払式支払手段における発行保証金の供託や、証券業における委託者保護基金（保険制度）といった対処方法に比較すると、弱いレベルの利用者保護しか与えていない。これは、仮想通貨（交換業）が新たな金融ビジネスとして生まれたばかりであり、大きな規制コストを負担させることによってイノベーションを抑制してしまうことを懸念したためかもしれないし、保険制度の採用には取引所間のモラルハザードの危険が高すぎると考えられたからかもしれない。将来的に見てこのような対処方法が最適なのか、あるいは、そもそもほかの事業に対する規制が過剰なのかについては、まだ検討の余地があろう。

3 擬似通貨

　仮想通貨のほかに、「擬似通貨」と呼ばれるものも存在する。オンラインゲームにおけるゲーム内通貨や、航空会社のマイレージ、クレジットカード会社や電子マネー会社が発行するポイントなど、仮想通貨とは違って不特定の者との間の取引における利用は前提とされてい

第3節 仮想通貨と擬似通貨

ないが、一定の範囲では現金と同様に支払手段として通用するものが（ネットワーク型）、擬似通貨と呼称される。もっとも、一口に擬似通貨と言っても、その法的性質および規制の適用のされ方は、さまざまである。

まず、利用者が事前に資金を払い込むことによって擬似通貨を取得するタイプのものの場合、利用者が事前に払い込んだ資金の払戻しを保全し、利用者を擬似通貨運営主体の破綻リスクから保護する必要があるという点では、前払式支払手段と同様のリスク状況が発生している。そこで、このようなタイプの擬似通貨に該当するオンラインゲームのゲーム内通貨などについては、前払式支払手段としての規制を適用すべきことになる。

これに対し、マイレージやポイントについては、利用者が資金を払い込むことによってそれらの擬似通貨を取得しているのではない。このため、擬似通貨の運営主体が破綻し、利用者がマイレージやポイントに相当する価値を失ったとしても、利用者は保護されない。利用者が、このようなタイプの擬似通貨の運営主体の破綻リスクに対処するためには、運営主体の信用状態に関する情報を収集するか、あるいは、運営主体のレピュテーション維持インセンティヴに依拠する（実際、航空会社破綻の場合にもマイレージは維持されることが多い）しかないことになる。なお、運営主体への投資家（株主・債権者）との関係では、マイレージやポイントに対する引当金を計上することが会計ルールによって求められている。

もっとも、マイレージやポイントについて利用者からの資金の払込みがないといっても、実質的には、割増価格を支払っているのと等しいから、利用者からの資金の拠出の有無という規制の切り分け方は、相対的なものにすぎない。さらに、さまざまなポイントサービスの間で相互の交換が可能になっていたり、ポイントやマイレージを代金の払込みによって購入できるサービス形態も発生してきているから、利

用者からの資金の拠出の有無に規制の有無の基準を設定することの合理性については、再検討する必要があるかもしれない。あるいは、前払式支払手段・仮想通貨交換業・証券業など、「他者の資金を預かる」事業一般について、規制のあり方を再構築することも一案であろう。

　もっとも、これらのうち、仮想通貨については、現実には支払手段としての利用は普及せず、むしろ金融商品としての利用が一般的になっていった。このため、「他者の資金を預かる」事業としての資金決済法を通じた規制ではなく、金融商品としての金融商品取引法による規制が及ぼされるようになってきている。

第3章 銀行振込・資金移動業等

第1節 銀行振込の仕組み

(1) 銀行振込の仕組み

　銀行振込は、預金債権を決済手段とする支払手段である。すなわち、受取人に対して振込依頼人が支払いを行おうとする場合、振込依頼人が有する預金債権を受取人に対して移転するという形で、資金関係の決済が実現される。銀行振込によれば、相手方に対して低コスト・迅速・安全に支払いを行うことができるので、隔地取引・多額の取引・企業間取引などで多用されている。**第2章**で扱った電子マネー、**第8章**で扱うクレジットカードなども、最終的には電子マネー運営会社やカード会社と加盟店や利用者との間の大規模な銀行振込の形で資金の決済がなされており、銀行振込はさまざまな支払手段の背後で機能している重要な支払手段であると位置づけることができる。

　銀行振込の基本形においては、四人の当事者が登場する。それは、支払いを行う振込依頼人、支払いを受ける受取人、振込依頼人が振込を依頼する仕向銀行、受取人が預金口座を有する被仕向銀行である。銀行振込においては、まず、振込依頼人が仕向銀行に対し、振込委託を行い、振込金額（と手数料）を支払う。振込委託を受けた仕向銀行は、被仕向銀行に対して振込通知を行うとともに、為替決済を通じて被仕向銀行に相当額の資金を移動する。その後、被仕向銀行は受取人の預金口座に入金記帳を行い、振込は完了する（**図表3－1**）。仕向銀行と被仕向銀行が同一の銀行であれば、手続はより単純化され、銀行間の振込通知・為替決済は不要となるが、基本的な仕組みは同様である。

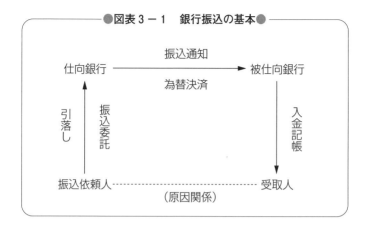

●図表3−1　銀行振込の基本●

(2) 銀行振込に伴うリスク

このような銀行振込においても、他の支払手段と同様に、さまざまなリスクが介在している。それらのリスクは、大きく二つに分類することができる。まず、銀行振込においては、決済手段が預金債権であるため、これを現金に転換したり、さらに続けて決済を行ったりする場合がある。そのため、預金債権を無権限者が処分してしまうという、預金取引を伴うことによるリスクが発生する。たとえば、振込依頼人が仕向銀行に持つ預金口座から支払額の引落しがなされる場合を考えてみよう。この引落しが、引落権限のある者によってなされなかった場合の処理は、銀行預金の無権限での引出しの効力の問題（たとえば、盗難キャッシュカードによる預金引出しの有効性の問題）と同様の形でなされることになる。

もう一つのリスクは、銀行振込が、売買契約など何らかの原因関係に基づいた決済を実現するために、振込依頼人から受取人への資金移動をもたらす行為であることに伴うリスクである。原因関係に取消しや解除などが発生したり、誤った受取人へ振込をなしてしまったりするケースにおいて問題となってくる。このように、原因関係の帰結と

は異なる資金移動がなされるリスクをどのように処理するのかという問題は、銀行振込が資金移動を伴う取引であることから発生する特有のリスクである。以下では、この二つのリスクに分けて、現行法がどのように対応しているのかを見ていこう。

第2節　預金取引

1　無権限取引

(1)　無権限取引のリスクのコントロール

　無権限振込の典型的な事例は、Xのキャッシュカードを盗取ないし偽造した無権限者Aが、暗証番号を割り出した上で、ATMを使ってXの預金口座から自らの預金口座へ振り込んでしまったり、いったんXの預金口座から現金を引き出した後に、自己の口座へ振り込んだりするようなケースである。このような場合、無権限者Aを発見することは困難であるか、仮に発見できても資金をすでに費消して無資力になっていることが多く、その場合には、カード保有者Xか仕向銀行・被仕向銀行のいずれかが損失を負担しなければいけないことになる。この場合、もしも特別法も当事者間に何らの特約もなければ、無権限者である債権の準占有者に対する弁済として民法478条が適用され、弁済者である銀行が、無権限につき善意無過失であれば免責されることになる。では、実際のリスク負担はどのようになっており、また、どのようにその適否を考えればよいのだろうか。

　このような無権限取引は、①キャッシュカードの物理的な占有を喪失すること、および、②暗証番号などの認証情報を知られてしまうことによって発生する。そうすると、このような無権限取引の発生を抑

止するための法ルールは、この二つのリスクを誰に負担させ、それを通じてリスクの実現を回避するインセンティヴをどのように与えることが望ましいのかを考えながら構築していくことになる。ここでリスク負担者として考えられるのは、被害者（キャッシュカード保有者）と仕向銀行とがあることに注意しながら考えてみよう。

まず、①のリスクについては、基本的には仕向銀行がコントロールできるものではなく、カード保有者のみがコントロールできるものである。キャッシュカードを家の中のどこに保管しておくか、キャッシュカードを入れた財布やハンドバッグをどのように持ち運ぶかといったことによって、①のリスクはコントロールされ、そのような事項はカード保有者が行うことであって、銀行が口出しできることではないからである。

しかし、だからといって、カードの占有を失ったというだけで、無権限取引の損失をすべてカード保有者に負担させることは望ましくない。日常生活において小さなプラスチックのカードを紛失してしまう蓋然性は決して低いものではなく、紛失のリスクをすべてカード保有者に負担させてしまうと、カード保有者は、カードの取扱いに細心の注意を払わなければいけなくなり、カードの利便性が著しく低下してしまうおそれがあるからである。そうなってしまっては、カードを発行して預金者にカードを使わせるというサービスを提供したい銀行の利益にもならない。そうすると、無権限取引のリスクの負担は、基本的には②のリスクのコントロール可能性によって決せられるべきことになる。

(2) 認証システムの安全性

認証システムの安全性は、認証システムの権限チェック機能の高さと、カード保有者による認証情報の管理とによって維持される。そして、認証システムの権限チェック機能が十分に高度であれば、無権限

取引はカード保有者のカード管理ミスによって発生した蓋然性が高いのに対し、認証システムの権限チェック機能が不十分であれば、無権限取引はカードの保有者の管理ミスというよりはシステム自体の欠陥を突かれることによって発生した蓋然性が高い。とすれば、認証システムの権限チェック機能が低い場合には、仕向銀行に無権限取引のリスクを負担させることが望ましくなる。

たとえば、キャッシュカード上から暗証番号に関する情報が除去されている場合は（「ゼロ化」）、基本的にはカードを解析することによって暗証番号が読み取られてしまう可能性がないので、カード保有者がリスクを負担すべきであろう（ただし、最判平成5・7・19判時1489号111頁参照。ゼロ化されていないカードであっても、解読技術は知られていなかったとして、免責約款の有効性を認めた）。また、払戻手段の存在について、銀行から預金者に対して十分な周知がなされておらず、預金者による暗証番号管理のインセンティヴを阻害していたような場合にも、銀行がリスクを負担することになる（最判平成15・4・8民集57巻4号337頁）。

では、ゼロ化がなされたカードにおいて、生年月日や電話番号など、推測されやすい暗証番号を使用していた場合はどうだろうか。そのような暗証番号の利用の危険性については、仕向銀行がすでに十分に周知徹底を図っているとして、カード保有者にリスク負担をさせることも考えられる。けれども、安易な暗証番号の利用が減らないことは、行動経済学が示すように人間の記憶力の限界が原因であると考えれば、推測されやすい暗証番号の利用だけでカード保有者に全面的にリスク負担をさせることには問題があるかもしれない（たとえば、過失相殺の余地があろう）。そうだとすると、暗証番号という認証システムそのものの安全性が十分ではないことになる。

そこで最近では、指紋・掌紋・虹彩といった生体認証を取り込んだキャッシュカードやICチップを搭載したキャッシュカードを導入し

たり、カードによる引出限度額を抑えたりして、仕向銀行のリスクを低減する試みが始まっている。言い方を変えるならば、仕向銀行にリスク負担をさせるという法ルールは、このようなシステム改善のためのインセンティヴを仕向銀行に設定する法ルールだということになる。もちろん、これらの試みによってカード保有者にとっての利便性は低下しがちだから、カード保有者のリスクと利便性が釣り合うような法ルールを探求しなければならない。

たとえば、米国では、無権限取引については、預金者は50ドルまでの損害しか負担しないというルールが存在している。このような法ルールの下では、銀行は、暗証番号を銀行が割り当てたり、カードによる引出限度額を小さくしたりすることによって、損失負担のリスクを制限するインセンティヴを持つことになる。実際、米国の多くのATMにおいては、引出限度額が500ドル（約5万円）程度に設定されていることが多い。しかし、日常生活において現金による支払いが行われることが少なく、多額の現金を持ち運ぶ必要のない米国であるからこそ、このような引出限度額の設定であってもカード利用者の利便性に影響がないのであり、大部分の支払いが現金でなされる日本において同様の法ルールを採用することが妥当かどうかは、そのような社会構造や慣習の違いまでをも考慮に入れた上で判断しなければならない。

(3) 「支配領域」

認証システムそのものの安全性を前提とした上で、個別具体的な認証情報の管理については、リスクの「支配領域」という発想が第一義的に重要である。すなわち、当該事故が、カード保有者と仕向銀行のいずれがリスクをコントロールしやすい状況で発生したのかによって、リスク負担を分けるのである。リスクをコントロールできない者にリスクを負担させても、その者の行動を変えることができないから

無意味である。これに対し、リスクをコントロールできる者にリスクを負担させれば（内部化）、その者がリスクを計算に入れて、適切なレベルの注意をしたり、適切なレベルの予防システムを構築したりするといった形で、その者の行動を変えるようにインセンティヴ設定をすることができるからである。もちろん、費用効果を考慮に入れた「適切」なレベルの注意を立法者や裁判所などのルール設定者が判断できる場合には、そのような行動の具体的な内容を直接法ルールにおいて明定して要求することも考えられる。しかし、ルール設定者の情報収集能力には限界があることを考えれば、それよりもリスク（費用）を内部化させて当事者自身（市場取引）に判断させる方が、望ましい場合もあるだろう。

　たとえば、仕向銀行のATMコーナーに隠しカメラが設置されており、そこで暗証番号が盗まれたような場合には、そのリスクは仕向銀行が負担すべきことになる。他方、カード保有者が同居の親族に暗証番号を教えていたところ、その親族が無断で銀行振込を行った場合には、カード保有者がそのリスクを負担すべきことになる。

　もっとも、リスクのコントロール可能性だけでなく、保険の利用可能性という要素も考慮する必要がある。一般的には、カード保有者一人ひとりよりも、規模の経済等が働く銀行の方が保険を安価に購入できるし、私たちのような一般人には、「自分には事故なんて起きないだろう」と過度に楽観的に考えてしまう（から、本来なら購入すべき保険を購入しない）バイアスも存在することが知られている。とすれば、銀行とカード保有者のどちらもコントロールしにくいリスクについては、銀行に負担させることが適切な場合が多いだろう。

　以上のようなリスク分配は、ネットバンキングやオープンAPIを利用したFinTechにおける不正利用の場合にも当てはまる。ネットバンキングにおいて問題となるリスクは、IDとパスワードを盗まれて他者に不正利用されるというリスクと、いったんそれらが盗まれてし

まった後に損失が拡大していくリスクとがある。前者のリスクについては、基本的には利用者の側が、自分の管理するコンピュータがウイルス等に感染しないよう、セキュリティソフトをインストールしたり、怪しいサイトへのアクセスを控えたりすることによって、コントロールできる。

　もっとも、銀行（オープンAPIの場合は、アプリ提供企業も含む）が前者のリスクをまったくコントロールできないわけではなく、サイトのセキュリティを高めたり、利用者に対する啓蒙活動を展開したりすることはできるだろう。また、利用者がどんなに注意しても、ウイルス被害が一定の確率で確実に発生し得る事故であるならば、その損失を不運な個別の利用者に負担させるよりは、利用者全員による保険という形で負担することが、リスク選好的に見て望ましい可能性もある。

　他方、後者のリスクについては、次に説明する偽造カード法における盗難カードと同様の仕組みを使って、当事者に対するインセンティヴの設定を行うことが望ましいだろう。

2 偽造カード法

　以上のような問題点を念頭に置いて2005年に制定されたのが、「偽造カード等及び盗難カード等を用いて行われる不正な機械式預貯金払戻し等からの預貯金者の保護等に関する法律」（偽造カード法）である。偽造カード法は、キャッシュカードの盗難や偽造によって金融機関のATMでの無権限引出が行われることによる被害が多発したことを背景に、そのような被害を防止するために制定された。

　偽造カード法は、偽造カード等（2条4項）と盗難カード等（2条5項）との場合とで、無権限引出につき異なるリスク配分を採用している。偽造カード等の場合には、無権限引出は原則として無効であるが、預貯金者の故意、または、金融機関の善意無過失かつ預貯金者の

重過失が認められる場合にのみ、預貯金者がリスクを負担する（4条）。

　これに対し、盗難カード等の場合には、預貯金者が盗取に気付いた後にその旨を金融機関に迅速に届出を行うなどすれば、引出しは有効であるものの（3条）、金融機関が預貯金者に対して損失を補塡するという形でリスクを負担する（5条1項・4項）。ただし、金融機関が善意無過失であり、預貯金者に軽過失しかない場合には、預貯金者も1／4のリスクを（5条2項・4項）、預貯金者に重過失があったり同居の親族等が払戻しを行ったりした場合などには、預貯金者がすべてのリスクを負担する（5条3項・5項）。これらの規定は強行規定であって、預貯金者に不利な形での修正は認められていない（8条）。

　銀行と預金者との間の規約であるキャッシュカード規定も、偽造カード法の施行に応じて変更され、同法の構造と同じ仕組みを持った規定になっている（**資料2**のカード規定試案9条～11条を参照）。

　偽造カード等と盗難カード等との間でこのような違いが設けられているのは、無権限引出が行われるリスクを金融機関と預貯金者とのいずれがよりよくコントロールできるかが、両者において違うからである。偽造カード等の場合には、預貯金者の側でカードの偽造の発生のリスクをコントロールすることはできず、むしろ金融機関の側がこのリスクをコントロールできることになる（偽造されにくいカードシステムを採用する）。これに対し、盗難カード等の場合には、盗取の発生について預貯金者は気付くことができ、預貯金者は、事故について銀行に届出を行い、当該カードの利用を停止させることで、それ以後の損失の拡大を防ぐことができる。そこで、その部分については預貯金者にリスクを負担させることで、損失の拡大を防止するインセンティヴを設定しているのである。するとたとえば、銀行から預金者に対しキャッシュカードが郵送される途中で第三者に取得されて無権限取引がなされたような場合には、預貯金者が第三者による取得に気付くこ

とができる可能性はなく、銀行の側が信頼できる郵送方法を選択するなどの形でリスクをコントロールできるから、一見「盗難」に見えても、偽造カード等として扱うべきことになる（大阪地判平成20・4・17判時2006号87頁の事案を参照）。さらに、後述するクレジットカードの他人使用や小切手・手形の偽造の場合と同じように、同居の親族等が無権限取引を行ったような場合には、そのリスクをよりよくコントロールできるのは、金融機関ではなく預貯金者の側だから、預貯金者がリスクを負担することになる。

　問題は、預貯金者が、生年月日等の推測されやすい暗証番号を使っていて、それが使われて無権限取引がなされた場合を、預貯金者の重過失とすべきか否かである。下級審裁判例には、金融機関から預貯金者に対し、生年月日等の推測されやすい暗証番号から別の番号に変更するよう、複数回にわたって個別的・具体的な働きかけを行っていたにもかかわらず、預貯金者がこれに応じなかった場合を重過失とするかの例もある（たとえば前掲大阪地判平成20・4・17）。私たち人間の認知能力・記憶能力の限界を重視するのであれば、このケースで重過失の認定をすべきではないということになるのかもしれないが、前述したように、カード利用の利便性への影響などを考えると、このようなリスク配分も一つのあり得る政策判断と言えよう（9条4項は、預貯金者がカードおよび暗証番号の適切な管理を行うことを求めている）。

　なお、偽造カード法は、前述のようなリスク配分を設定するほか、金融機関に、キャッシュカードを利用した取引システムの安全性を高めるための措置を講ずるように求めるとともに（9条1項）、それによって預貯金者の利便性に大きな負担が発生しないようにも求めている（9条2項、いずれも努力規定）。米国の例を見てもわかるように、この二つの要請はトレードオフの関係にあり、どのレベルのシステムを構築すべきかについては、慎重かつ政策的な考慮が必要である。偽造カード法は、その判断を、重過失（4条1項・2項・5条2項但書・

4項但書）の認定という形で裁判所に委ねているのであるが、はたして裁判所にそのような政策判断能力があるかどうかについては、再検討の余地があるかもしれない。

3 制限行為能力者

　制限行為能力者が預金取引を行った場合については、公表裁判例が存在していないため、どのような結論が導かれるのかははっきりしない。民法の規定がそのまま適用されるのであれば、当該預金取引は、無効ないし取消しの瑕疵を帯びることになる。窓口での振込であれば、銀行は行為能力の有無をチェックできるが、ATMやオンラインで振込が行われた場合には、チェックが事実上不可能であり、仕向銀行はコントロールできないリスクを負担することになる（民法121条但書により現存利益の範囲内での不当利得返還となるので、銀行が損失を被る危険性がある）。米国では、制限行為能力の場合にも預金取引はすべて有効となるとのルールが存在しており、日本においても同様の立法的対処を行うか、使用者責任などの別の法理による対処を行う必要があるという指摘もなされている。

第3節　振込の取消し・撤回

(1)　無因性

　振込に伴うもう一つのリスクは、それが資金移動を目的とする支払手段であることから発生する。資金移動を行う原因となった売買契約等の原因関係が解除されたり取り消されたり、あるいは、誤った受取人に対して振込を行ってしまったような場合に、どのように処理され

るのかといった問題である。

　この場合、原因関係の消滅や振込委託の瑕疵というリスクは、仕向銀行や被仕向銀行よりも、振込依頼人が最もよくコントロールできる立場にあるのが一般的である。とすれば、このようなリスクは、銀行よりも振込依頼人に負担させるべきことになる。もしも銀行にこのリスクを負担させたならば、銀行は振込委託を受け付けるにあたって、いちいち原因関係の有効性を調査する必要が出てくるか、あるいは、原因関係の有効性が確定するまで決済を完了させないような仕組みを採用するに至るだろう。そのような事態は、振込依頼人にとっても不都合である。

　そこで、振込規定（資料3）2条1項3号・2項4号は、「振込依頼書に記載された事項・振込機に入力された事項を依頼内容とする」と規定し、振込依頼や原因関係に瑕疵があっても、振込依頼の効力に影響させないようにしている。このため、いったん振込が完了した後に、原因関係の瑕疵を理由にこれを取り消したいと振込依頼人が考えた場合には、受取人から振込依頼人に対して資金を巻き戻す、「組戻し」と呼ばれる手続を踏む必要があることになる（大阪地判昭和55・9・30判時998号87頁参照）。すなわち、受取人口座への入金記帳前は振込委託を撤回できるが、いったん入金記帳がなされた後は受取人の承諾による組戻しが原則として要求される。受取人の承諾なくして撤回できるとすると、原因関係が有効であるにもかかわらず撤回を認めてしまった場合に、仕向銀行・被仕向銀行が受取人に対して損害賠償責任を負う危険性があり、銀行としては原因関係の有効無効が確定するまでは入金記帳を行わないインセンティヴを持つ。そうすると、迅速な決済が実現できなくなってしまい、かえって利用者の利便性を損なう結果になってしまうからである。

　このようなルールは、できるだけ遅くまで振込依頼の撤回のチャンスを確保したい振込依頼人の保護に欠けるように一見思われるかもし

れない。しかし、決済機関がかかわる場面においては、迅速に大量のデータ処理をする必要がある。このため、そのデータ処理にかかる負担を軽くすることが望ましく、決済システムに入力された以外のデータを参照しないで済むように制度設計を行うことが、銀行のためだけでなく、迅速な決済を安価に実現できるという意味で顧客にとってもむしろ利益になるのである。この意味で、資金を移動させる取引システムについては、原因関係の影響を決済取引の効力へと及ぼさない法ルール（「無因」と呼ばれる。**第2章第1節1(2)を参照**）を構築しておくことが、すべての利害関係者にとって望ましい。

もっとも、原因関係や振込委託の瑕疵のリスクを銀行がコントロールできる場合がまったくないわけではない。振込依頼人が間違いを起こしにくい（錯誤に気付くチャンスを残す）ようなシステムを設計することは銀行にも可能である。たとえば、確認画面の設置、明白な錯誤を発見した場合には振込依頼人に確認するシステム（UNCITRAL国際振込モデル法10条参照）を構築することなどの対応を取ることが考えられよう。そうだとすれば、そのような対応を取らなかった銀行に責任を負わせることで、そのような対応を取るインセンティヴを銀行に設定することも妥当である。

(2) 誤振込

以上のリスク配分は、振込依頼人と仕向銀行・被仕向銀行との間では、合理的なリスク配分ということができる。しかし、振込依頼人と受取人との間についてまでこのルールを貫くことが合理的であるかについては、議論の余地がある。それが、振込指図に瑕疵があるいわゆる「誤振込」の場合における受取人の預金債権の処遇である。

一般的には、入金記帳があった段階で預金債権は成立すると解されている（なお、預金の成立に関する「客観説」も参照。たとえば、最判昭和52・8・9民集31巻4号742頁など）。すると、誤振込の場合であって

も、受取人はいったんは預金債権を取得し、振込依頼人が受取人に対して振込依頼額の不当利得返還請求権を取得することになる。そうすると、受取人の一般債権者が、受取人の預金口座を差し押さえて強制執行してきた場合（被仕向銀行が受取人に対する貸金債権と預金債務とを相殺する場合も含む）においても、振込依頼人は優先的な権利を主張できず、受取人の一般債権者として配当にあずかるしかないことになる（最判平成8・4・26民集50巻5号1267頁・商判Ⅶ-39事件、**図表3－2**）。

　このような判例の準則に対しては、学説の批判も強い。たとえば、入金記帳は銀行内部的な事務処理にすぎないし、口座残高に対する一般の（受取人の一般債権者の）信用を保護する必要はないとして、受取人の預金債権の成立を否定する考え方や、原因関係に依存しない預金債権の「成立」と利益衡量に左右されるその「帰属」とは異なる扱いが必要であるとする考え方が提唱されている（もちろん、物権と債権との伝統的な区別を維持しようとする立場からは、このような考え方には違和感が大きいだろう）。このような考え方が登場するのは、誤振込の場合の振込依頼人と受取人との関係は、振込依頼人と仕向銀行・被仕向銀行との関係とは異なり、迅速大量の取引の処理が要求される資

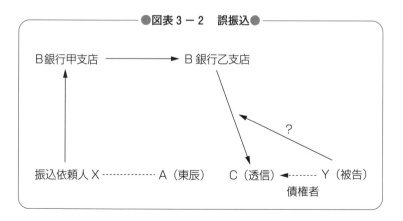

●図表3－2　誤振込●

金を移動させる取引システムにかかわるものではなく、決済システムの外の通常の商取引や担保取引の場面であって、無因性を貫く必要性がない局面だからである（ただし、そのように考える場合、預金債権の成立を否定する前者の学説は行き過ぎということになる）。

　実際、判例も前掲最判平成8・4・26の準則を常に貫いているわけではない。たとえば、誤振込であることを知った受取人が黙って預金を引き出せば詐欺罪になるし（最決平成15・3・12刑集57巻3号322頁）、被仕向銀行が受取人に対する貸出債権と預金債務を相殺することが否定されることもある（名古屋高判平成17・3・17金判1214号19頁、東京地判平成17・9・26判時1934号61頁）。ただし、これらはいずれも、決済システムの当事者としての側面ではなく、決済の当事者としての側面が前面に出ている事例であることに注意されたい。

　なお、誤振込の特殊なパターンである、いわゆる振り込め詐欺については、「犯罪利用預金口座等に係る資金による被害回復分配金の支払等に関する法律」（振り込め詐欺救済法）が制定されており、受取人口座の取引を停止させ、被害者へと資金を回復させることで、被害者の保護と犯罪行為の抑止が図られている。

(3) 振込事務の完了義務

　銀行振込に関するもう一つの問題は、振込依頼に基づく振込が適切に完了しなかった場合に、仕向銀行や被仕向銀行がどのような責任を負うかというものである。このような事故が発生する原因には、振込依頼人が不完全な振込指図をしてしまったという振込依頼人のミスの場合もあれば、振込指図を受け取った仕向銀行や被仕向銀行の事務担当者が間違った処理をしてしまったという銀行のミスの場合もあろう。もっとも、ATMなどを使った電子的な銀行振込の場合には、コンピュータシステムの誤作動といったことでもない限り、事故は起こりようがないのが通常である。

わが国では、口座番号未記入という不十分な振込指図に基づいて被仕向銀行が誤った受取人の預金口座に入金してしまった場合に、仕向銀行は振込依頼人に対して責任を負わないとした判例がある（最判平成6・1・20金法1383号37頁・商判Ⅶ－38事件）。米国のUCC（統一商法典、Uniform Commercial Code）やUNCITRAL国際振込モデル法においては、振込が完了しなかった場合、振込依頼人は仕向銀行に振込金額（と利息）の返還を求めることができるという資金返還保証ルールが採用されているのに対し、わが国の判例はそれを採用してはいないことになる。

振込が完了しない原因は不明なことが多いことに鑑みれば、仕向銀行は、他の銀行とともに資金移動ネットワークを構築している以上、途中で発生するリスクをコントロールするのに適した立場にあるし、訴訟追行コスト・保険購入コストの点でも、顧客よりも優れた立場にある以上、仕向銀行に保証責任を負わせる米国やUNCITRALのルールの方が望ましいようにも思われる。ただ、もしわが国の判例を正当化するとしたら、米国やUNCITRALのルールにおいては、振込が未了に終わった場合に銀行が間接損害について責任を負うのを否定し、振込金額に責任を限定しているのに対し、わが国では銀行が間接損害まで負担する危険性がある（たとえば東京高判平成28・9・14判時2313号55頁）から、銀行が無条件で振込の完了を保証するルールは採用しにくいという事情があるのかもしれない。銀行の免責を規定した振込規定11条も同様の動機に基づいているものだと理解する余地があろう。

第4節　デビットカード

デビットカードは、代金の支払いにカードを利用した時点で、利用者の持つ銀行預金から代金相当額が引き落とされるという支払手段で

ある。プリペイドカードとは異なり、事前に一定の金額がチャージされているわけではないが、支払いと決済が即時に行われるため、クレジットカードのような利用者に対する与信の機能はない。電子マネーとの違いは、決済手段が電子データではなく、預金債権であるという点にある。国際ブランドでは、クレジットカード、デビットカード、プリペイドカードをサービスのラインナップとして提供し、利用者がニーズに応じて使い分けることを可能にしている。

　日本では、銀行の預金者が持つキャッシュカードにデビットカードとしての機能を持たせたJ-Debitというサービスが、1999年に導入された。その後、国際ブランドによるデビットカードを銀行がイシュアとして発行するようになり、現在では、決済件数でみると国際ブランドのデビットカードがJ-Debitをはるかに超えている（図表3−3）。とはいえ、クレジットカード、電子マネー等を併せた「カード決済」全体の中では、デビットカードの決済金額は、まだ数パーセントを占

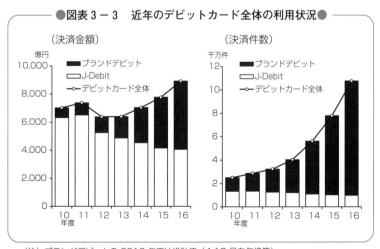

●図表3−3　近年のデビットカード全体の利用状況●

（注）ブランドデビットの2016年度は推計値（4-12月を年換算）。
（出所）日本デビットカード推進協議会（J-Debit）、日本銀行調べ（ブランドデビット）
　　　日本銀行決済機構局「最近のデビットカードの動向について」決済システムレポート別冊シリーズ（2017年5月）11頁

めるにすぎない。

　デビットカードによる支払決済の仕組みは、利用者とカード発行銀行（イシュア）の間のカード利用契約、加盟店と加盟店に対して決済サービスを提供する加盟店銀行（アクワイアラ）との間の加盟店契約、および決済システムの利用契約から成り立っている（**図表3－4**）。まず、カード利用契約の中で、カード利用者がカードを端末に読み取らせ、暗証番号の入力（または売上票への署名）を行った段階で、利用者はイシュアに対して利用代金の引き落とし（原因取引から生じた代金債権の弁済の委託）をオーソライズ（授権）したものとみなされる。他方、加盟店契約においては、端末操作によってイシュアが取引を承認した場合には、加盟店に対してアクワイアラが第三者弁済を行うこと、または代金債権を加盟店がアクワイアラに譲渡することが定められている。そして、イシュアとアクワイアラは、国際ブランドが提供する決済システム（国際ブランドのデビットカードの場合）または銀行間の金融機関決済契約に基づく決済システム（J-Debitの場合）を利用して決済を行い、資金移動を完了するのである。これらの契約を通じて、利用者の発行銀行に対する銀行預金から代金相当額が引き落とされ、加盟店の加盟店銀行に対する銀行預金に付け替えられる、という結果が実現される。

　デビットカードの利用についても、電子マネーの場合と同様に、原因取引との関係が問題となるが、利用者と発行銀行の間の取引規定は、預金の引落しと弁済委託の効力は、原因取引の解除や意思表示の瑕疵の影響を受けないと定めている。金額の入力の間違いの場合にも同様とされる。したがって、デビットカードによる支払いの性質は無因である（ただし、当日中に限り、加盟店の同意を得て「預金の復元」を求めることができる）。

　カードの盗難などによって、他人が権限を持たずにカードを使用した場合には、端末によるカードの確認と暗証番号の照合による本人確

認を条件として、預金が引き落とされる。ただし、カード利用契約上、利用者は、一定の要件の下で、盗難などのリスクから解放されている。国際ブランドのデビットカードでは、クレジットカードの盗難に準じて（188頁参照）、紛失・盗難を遅滞なく通知した利用者に対して、代金支払義務を免除する、あるいは支払額に粗糖相当する金額を補填するという取扱いが定められている。これに対して、カード自体が偽造されていたにもかかわらず、端末が真正なカードとして認めてしまった場合には、利用者に故意または過失がある場合を除いて、支払い義務は発生しないと定める規約が多い。デビットカードの使用は、イシュアが金融機関であってキャッシュカードにデビット機能を付加したものであっても、偽造カード法に定める「機械式預貯金払戻し」には当たらないため、同法とは異なるリスク分配が採用されるようである。なお、J-Debitの場合は、カード利用規定（取引規定）において、キャッシュカードのカード規定を読み替えて適用すると定めているため、結果として、偽造カード法に沿ったリスクの分配（たとえば、偽造カードの場合には発行銀行が善意無過失であって、かつ利用者に

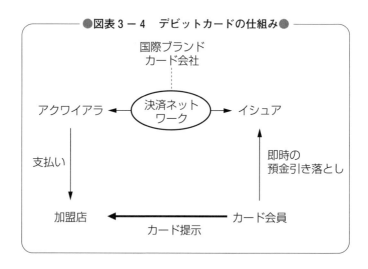

●図表3－4　デビットカードの仕組み●

重過失があるときに限り、預金の引き落としが有効になる。43頁以下参照）がとられている。もちろん、こうしたカード利用契約の文言の違いが、現実の事案においてリスク分配をどの程度変えることになるかは、「発行銀行の過失」などの要件に該当する事情を具体的に想定しなければ、一概には言えない。

　ところで、デビットカードの仕組みは、直接現金で支払いを行う代わりに銀行間の資金移動を通じて決済を実行するわけであるから、利用者にも加盟店にも、イシュアの倒産リスクが発生し得る。J-Debitでは、このリスクを強く意識して、暗証番号の入力時に、代金債権を譲り受けたアクワイアラがイシュアに対してその債権の弁済の受領を委任し、イシュアは、カード利用者から弁済の実行を委託されたことと併せて同一の債権につき債権者と債務者の双方から授権を得たと構成して（民法108条1項但書参照）、弁済を実行するものとされている。もっとも、加盟店契約上、イシュアから利用代金相当額の提供がなかった場合にもアクワイアラが加盟店から資金の返還を求めないとされているのであれば、原因取引の当事者にイシュアの倒産リスクが及ぶおそれはないので、国際ブランドのデビットカードでは、特にこのような構成はとられていない。

第5節　銀行間資金決済システム

　銀行振込が、現金のやり取りではなく、最終的には銀行口座の残高の増減という形で最終的に処理されている以上、異なる銀行間で資金のやり取りを行う銀行間決済システムが、重要な役割を果たしていることになる。わが国の銀行間資金決済システムには、日銀ネット（日本銀行金融ネットワークシステム。**図表3-5**）、全銀システム（全国銀行データ通信システム。**図表3-6**）、外為円決済システム（外国為替円

決済制度）がある。また、近時はブロックチェーン（分散型台帳）技術を活用した新たな決済システムも開発されつつある。本節では、このうち特に全銀システムについて、それがどのように設計されているかを見ていこう。

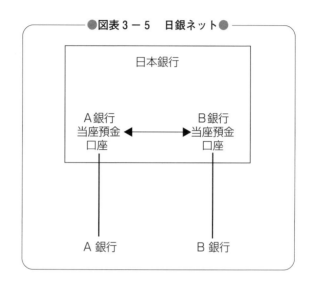

●図表3－5　日銀ネット●

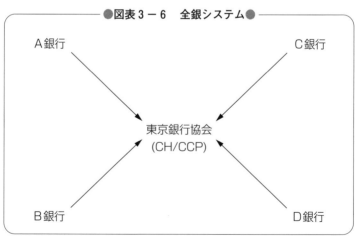

●図表3－6　全銀システム●

第5節　銀行間資金決済システム

　決済は、①支払指図の送付・受取りを行うペイメント（payment）、②多数の支払指図を集計して最終的に受払いのなされる差額（決済尻）を算出するクリアリング（clearing）、③決済尻の受払いを行って実際に資金を移動させるセトルメント（settlement）の三つのプロセスからなる。全銀システムにおいては、加盟銀行は、8時30分から15時30分の間、サーバを運用する全銀センターに支払指図を送信する（①）。全銀センターは、15時30分に当日の支払指図の受信を締め切り、決済尻を算出し、加盟銀行の受払差額をオンラインで日銀に通知する（②）。ここで、全銀システムを運営する一般社団法人全国銀行資金決済ネットワーク（全銀ネット）はクリアリングを担当するクリアリングハウス（clearing house、CH）と呼ばれる役割を果たす。これを受けて、当日の16時15分に、マイナスの差額を持つ銀行の日銀当座預金口座から全銀ネットの日銀当座預金口座へ入金され、プラスの差額を持つ銀行の日銀当座預金口座へは全銀ネットの日銀当座預金口座から入金されることで、資金移動が完了する（③）。ここで全銀ネットは、加盟銀行の間に立って当事者として機能するセントラル・カウンターパーティー（central counterparty、CCP）と呼ばれる役割も果たす。このように、取消不能で無条件の決済がなされて当事者間の決済を完了させることを、決済完了性（ファイナリティ）がつくという。

　このような全銀システムの仕組みに伴い、15時をもって当日中の振込指図の受付を打ち切る銀行が多い。しかし、2018年中に24時間・365日の送金を可能にするべく、全銀システムの稼働時間拡大が予定されている。

　支払指図をその都度決済するのではなく、まとめてクリアリングを行うのは（②）、毎回決済をするより事務処理コストを削減できるからである。たとえば、日中、全国で無数に行われている銀行振込について、その都度日銀当座預金口座間での資金移動をしていたのでは、日銀のコンピュータシステムにかかる負荷が非常に重くなってしまい

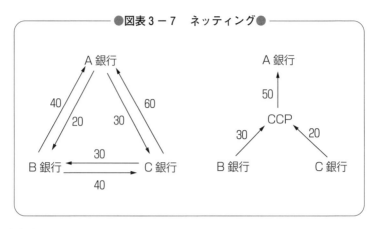

●図表3－7　ネッティング●

かねない。

　さらに、このクリアリングの際には、差額を算出するネッティング（netting、一種の相殺）が行われている（図表3－7）。これは、最終的な決済金額を減少させることで、未決済残高の信用リスク・流動性リスクを削減することを目的としている。たとえば、全銀システムにおいては、ネッティングを行わなければ1日の決済総額は10兆円程度になるが、ネッティングによってこれを2兆円程度に削減できる。決済完了前にある銀行が破綻した場合を考えれば、信用リスクを小さくすることは有益だし、受渡額が減れば、加盟銀行が決済時点に日銀当座預金口座に準備しなければならない必要額を減らすこともできるのである。

　なお、ネッティングには、受渡金額のみを調整するペイメント・ネッティング（payment netting）、債権債務を相殺するオブリゲーション・ネッティング（obligation netting）、倒産などの非常時に契約関係をすべて終了させるクローズアウト・ネッティング（close-out netting）があり、それぞれの効果・有効性には違いがある。わが国の全銀システムでは、オブリゲーション・ネッティングが採用されている。これらネッティングの手法については、どのような仕組みを作れ

ば、システミック・リスクの発現をよりよく防止できるのか、さまざまな手法が提案されている。

もっとも、ネッティングを行っても、加盟銀行が破綻した場合には回収不能な資金がある程度は発生してしまう。このような場合に対処するために、健全性の低い銀行への与信限度額に制限を設けるリスク管理（ネット受取限度額・仕向超過限度額管理制度）や、加盟銀行間で損失を負担するルールが設けられている。たとえば、全銀システムにおいては、各加盟銀行は、他の加盟銀行に対していくらまでなら仕向超過額（＝債務額）を増やしていいかという上限を設定されている。この上限（仕向超過限度額）は、被仕向銀行側が、個別の仕向銀行に対して取得する差額（ネットの受取額）の上限（ネット受取限度額）に連動して決まる。そして、規模の小さな銀行や経営の不安定な銀行に対しては、このネット受取限度額を低く抑えることで、万が一の事態に対する備えをしておくのである。さらに、万が一、加盟銀行が破綻してしまった場合の損失を回避するために、加盟銀行は、仕向超過限度額に見合った担保を東銀協に差し入れることとなっている（デフォルターズ・ペイ）。

信用リスクを回避するための他の方法としては、そもそも支払指図と資金移動の間の時間差をゼロにすることで信用リスクをなくす対処方法もある。信用リスクが発生するのは、支払指図がなされてから、資金移動が完了するまでの間、債権債務関係が発生するからであった。とすれば、支払指図の直後に資金移動を完了してしまえば、債権債務関係は消滅し、信用リスクも消滅する。これを採用しているのが、日銀ネットのRTGS（即時グロス決済、real time gross settlement）である。RTGSには、事務処理コストが多くなったり、多額の流動性準備が必要になるといった短所があるが、他方で決済リスク削減という長所がある。そこで、各国の決済システムにおいては、巨額・少数の決済が行われる中央銀行決済システムではRTGSを採用し、少額・

●図表3−8　DTNSとRTGSの特徴●

	時点ネット決済(DTNS)	即時グロス決済(RTGS)
決済リスク	×：最終決済時までリスクが残る	○：即時のファイナリティが実現
流動性の必要	○：少ない流動性で足りる（差額のみでよい）	×：多額の流動性準備が必要
事務負担	○：最終決済時にのみ手配	×：流動性管理の負担が大きい

多数の決済については全銀システムのような時点ネット決済（designated time net settlement、DTNS）を採用するといった役割分担の傾向がある（図表3−8）。

第6節　資金移動業・収納代行・代引き

　銀行振込のような隔地者間の資金移動（直接現金を輸送しないもの）は「為替取引」と呼ばれ、銀行業に該当する（銀行法2条2項2号）。したがって、銀行業の免許を受けることなくそうした資金移動を行うことは禁止され、違反者は3年以下の懲役または300万円以下の罰金によって処罰される（同法4条1項・61条1号）。資金移動が完了するまでのリスクから顧客を保護するため、為替取引を行うという営業自体を免許制度の下に置いたのである。

　判例は、海外への送金をファクシミリで受け付け、まとめて送金していた者（いわゆる地下銀行）について、無許可で為替取引を行ったので銀行法違反に当たるとした（最決平成13・3・12刑集55巻2号97頁）。この事案でも、最終的な資金移動には銀行振込が利用されているのであるが、多数の送金をまとめて引き受け、実行するという行為が、支払い（ペイメント）よりも決済（セトルメント）に近いという評

価を受けて、「為替取引」に当たるとされたのであろう。

　しかし、IT技術の発達によって、銀行以外の事業者が資金移動を行うことも、技術的には、あまり困難ではなくなってきた。新しい技術を利用して、安価に資金移動サービスが提供されるようになったり、インターネット取引などに適した支払手段が利用できるようになったりすることは、利用者がリスクにさらされない限り、望ましいと考えられる。そこで、資金決済に関する法律に基づく資金移動業として登録を受ければ、「為替取引」の定義に該当するサービスであっても、銀行免許を持たずに提供できるものとされている（資金決済に関する法律37条）。ただし、利用者の保護のため、内閣府令に基づいて定められる一定の金額以上の履行保証金を供託しなければならない（同法43条）。資金移動業者に対して債権を持つ利用者は、この履行保証金について先取特権を有し、万一資金移動業者が倒産したような場合にも、履行保証金から弁済を受けられる（同法59条）。平成21年に導入されたこの制度の下で、すでに数十社が参入し、資金移動業者として登録を受けている。

　資金移動業と一見よく似たサービスに、コンビニエンスストアなどが行う収納代行サービスや、宅配業者が商品の配送時に代金支払いを受ける代金引換サービス（代引き）がある。このうち収納代行サービスの場合は、商品・役務を販売した事業者がコンビニエンスストアに代金の受領権限を授与し、消費者が店頭で現金を交付することにより支払い（ペイメント）が行われる。コンビニエンスストア（フランチャイズシステムがとられていればその本部）から事業者に対する決済（セトルメント）は銀行振込によって行われるので、決済通貨は銀行預金である。コンビニエンスストアが代金受領権限を持つ以上は、現金がコンビニエンスストアによって収納された時点で原因関係上の支払いは完了している（支払いのファイナリティがある）。他方で、事業者との間の決済は月に1〜2回となっている場合が多いので、その間にコ

ンビニエンスストアが倒産するリスクは事業者が負担していることになる。このような仕組みから、送金を依頼する利用者にまったくリスクが発生しないと考えて、収納代行業者は資金移動業者としての登録を行っていない。

　代金引換サービス（代引き）は、商品の受取りと代金支払いの同時履行が実現できるため、インターネット取引等による商品の販売について広く利用されている。この仕組みでも、商品を販売した事業者から運送業者に代金を受領する代理権が与えられ、商品の配送時に代金が収納されると原因関係上の支払いは完了する。また、携帯電話を用いたコンテンツのダウンロードサービスでは、携帯電話サービスを提供する通信事業者が、通話料等と併せてコンテンツ利用代金の収納を代行する。この場合には、利用者と通信事業者（収納代行者）との間も銀行預金の移転によって決済される。これらの場合にも、利用者による支払いのファイナリティが確保され、利用者にリスクがないと評価されているため、資金移動業者として登録することなくサービスが提供されている。事業者が消費者的な立場に立つ例が増えれば、規制の必要性が、高まってくるかもしれない。

　もっとも、支払いのファイナリティによって排除されるリスクとは関係者の倒産等のリスクであって、無権限者が原因取引を行うというリスクまでなくなるわけではない。コンビニエンスストアの収納代行では、利用者が提示する払込票のバーコードによって取引が確認され、また配送業者の代引きの場合には商品の受領という行為によって利用者の意思が確認されているので、無権限取引の問題は少ない。しかし、取引の仕組みによっては、無権限者による原因取引から生じた代金債権を決済してよいかという点が問題となり得る。判例では、固定電話を用いた収納代行サービス（ダイヤルＱ２）について、加入電話契約者以外の者が原因取引を行っても、特段の事情がない限り代金債務は発生していないとして、電話会社に対する不当利得返還請求が

認められた（最判平成13・3・27判時1760号82頁）。電話会社による収納代行サービスの場合は、利用された電話機の所有権のみによって債務者を判断する構造になっているが、裁判所はその有効性を完全には認めなかったのである。

第4章
小切手

第1節 小切手の基本

1 小切手の仕組み

　小切手は、現金の代わりに交付するための支払手段として作成される有価証券（**第9章参照**）である。小切手を郵送等により送付すれば、送金の手段ともなる。現金の代わりなので、手形と異なって印紙の貼付はいらない（印紙法別表第1）。

　欧米では、従来、消費者が日常的な購買に際して小切手で支払うことも珍しくなかった（現在では、クレジットカードやデビットカードが中心になっている）。しかし、日本では、一般消費者を排除して事業者・金融機関間のネットワークを構築するためか、個人による当座預金口座の開設があまり認められなかったという事情もあり、消費者が小切手を振り出すという習慣は存在しない。企業間取引における支払いや官公庁の歳出金支払い（日本銀行を支払人とする政府小切手）などに広く利用されてきたが、それらも、現在では大半が口座振込によって行われている。

　小切手は、振出人が作成・交付し（このことを「振出し」と呼ぶ）、表示された支払人に対して、小切手の所持人に額面金額を支払うように委託するという仕組みになっている。支払人は、振出人から小切手を支払う資金を受け入れた銀行でなければならない（小切手法3条。違反に対しては過料の制裁がある（小切手法71条））。その意味で、小切手はプリペイド型の支払手段である。小切手の支払資金の受入れは、1回の振出しごとではなく、銀行が当座勘定契約に基づいて当座預金（決済用の資金を置くための口座を当座預金口座という。利息がつかないの

第1節　小切手の基本

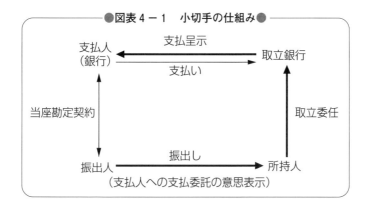

●図表4－1　小切手の仕組み●

が一般的である）を受け入れ、支払権限の包括的な授権を受けるという方法で行われる（**図表4－1**）。

　支払人は、小切手法上、その小切手に対して支払いをする義務を負わない（どのような場合に支払うかは、振出人との間の当座勘定規定（**資料4**）の中で規定される）。電子マネーの場合に、電子マネー運営会社が買取義務を負っていたこととは違いがあるが、それは、電子マネーは運営会社が発行し、運営会社と契約関係のある加盟店でのみ使用されるのに対して（いわゆるネットワーク型システム）、小切手は振出人が作成するので、支払人の関与していないところで振り出されてしまう（いわゆるユニバーサル型システム）という相違によるものであろう。支払いが受けられなかった場合には、小切手の所持人は、振出人（裏書人がいれば裏書人でもよい）に対して、遡求権を行使する（小切手法39条）。

　小切手の支払いは、呈示されるとただちになされる。これを「一覧払」と言う。小切手については、手形と異なり、これ以外の仕組みのものは認められない（小切手法28条1項）。呈示期間は、振出日から10日間である（小切手法29条・61条。振出日は10日のうちに算えない）。振出日として記載された日が現実に振り出された日と違って将来の日付

になっている場合（先日付小切手）にも、10日間の呈示期間は、記載された振出日から計算される（小切手法29条4項）。他方で、この場合には、記載された振出日以前に呈示しても支払いを受けられるから（小切手法28条2項）、先日付小切手の振出しは、実質的には、呈示期間を延長したのと同じ結果になる。なお、呈示期間が経過したからといって、所持人はただちに支払いが受けられなくなるわけではない。ただし、振出人は、支払委託を撤回することができる（小切手法32条1項）。

ところで、支払いのための呈示を直接支払人に対して行うことは、通常は現実的ではなく、所持人は自己の取引銀行に小切手を持ち込み、取立てを依頼するはずである。取立ての依頼を受けた銀行は、所持人から小切手の裏書（小切手法15条）を受けた上で、手形交換所にその小切手を持ち出して支払人とされている銀行に支払いを求める。取立銀行が支払銀行と同一の手形交換所に属していないときは（手形交換所は地域ごとに存在する）、その手形交換所に属する別の銀行に対して、さらに取立委任裏書（小切手法23条）を行って、取立てを依頼する。これらの手形交換所における呈示は、小切手法上、有効な呈示である（小切手法31条）。このように、現実の取引では、小切手は振出人の当座預金を資金として振り出され、取り立てられると所持人の当座預金に入金されるのであるから、預金債権を決済手段とする支払いの仕組みとして運用されていることになる。

2 自己宛て小切手

小切手の振出人が自ら支払人となっている小切手（小切手法6条3項）を「自己宛て小切手」（預手）と言う。支払人が小切手を支払わないときは振出人が遡求義務を負うので（小切手法12条）、自己宛て小切手の場合には、支払人である銀行が支払約束をしたのと同じ効果が

ある。そのため、支払手段として利用される際には、現金に近い信用があると言われる（最判昭和37・9・21民集16巻9号2041頁）。

　小切手法上は、支払人が支払義務を負担する制度として、支払人による支払保証がある（小切手法53条）。したがって、自己宛て小切手の振出しと支払保証は、実質的には所持人にとって同じ意味を持つが、銀行の側から見ると、自己宛て小切手の場合には発行の時点で資金を引き落とすため依頼人の与信管理という問題がないのに対して、支払保証をしたときには、呈示の日までの間、振出人に対する与信リスクを負担することになる。そこで、現在の実務では、支払保証の依頼には応じず、必要があれば自己宛て小切手の発行によって対応している（**資料4**の当座勘定規定13条）。

3　原因取引との関係

(1)　小切手に対する原因関係の影響

　小切手を用いた支払いの場合にも、電子マネーの場合と同様に、原因となった商取引と、小切手に基づく振出人と受取人の法律関係とを区別することができる。そして、小切手による支払委託については、原因関係その他の事情を条件とすることはできない（小切手法1条2号が「単純ナル」委託と規定するのは、その意味である）。その結果として、小切手による支払いは、原因取引の影響を受けない。すなわち、小切手は、電子マネーと同様の意味で無因の支払手段である。

　小切手による支払いに原因取引が影響を及ぼさないと言うとき、問題となる事情は、解除・取消し・無効などによる原因関係の消滅だけではない。原因関係上は同時履行の抗弁権（民法533条）が存在していても、小切手による支払いはやはり影響を受けない。暴利行為・賭博行為などの公序良俗違反（民法90条）については、無効とすべき理由の程度が一段と強いので、小切手関係にも影響を与えると考える余地

もあるが（最判昭和46・4・9民集25巻3号264頁は、原因関係の無効のみを言っているのか、小切手関係まで無効になると考えているのか、明確ではない）、学説はそのような場合についても無因性が貫徹されるべきだと考えてきた。

わが国の学説は、この無因性という性質を、小切手および手形の大きな特徴と位置づけている。もっとも、小切手や手形の「無因性」という概念は、実は、さまざまな意味で用いられている。たとえば、次に述べるように、わが国では原因関係上の債権とは別個の債権が証券上に存在すると考えられているが、そのことを指して無因性と言われる場合もある。また、手形が裏書譲渡された場合の抗弁の制限（手形法17条）を指して「無因性」と言われることもある。それぞれの場合に論じられている内容は異なるので、注意しなければならない。

(2) 原因関係にとっての小切手の意味

小切手に基づく法律関係と原因取引上の法律関係を区別して観念するのであれば、小切手の振出しが原因関係の弁済としてどのような意味を持つのかという問題を正面から整理しておく必要が生ずる。現在の学説や判例は、三通りの類型を区別している。

それは、小切手を振り出した段階で原因関係上の債権が消滅するという取扱い（「支払いに代えて」する振出し。代物弁済（民法482条）に当たり、小切手による支払いにファイナリティがある）、小切手の振出し後も原因関係上の債権が残るが、小切手による支払いを優先するという取扱い（「支払いのために」する振出し）、小切手の振出し後も原因関係上の債権が残り、いずれを行使するかは債権者の自由に委ねられるという取扱い（「担保のために」する振出し）の三通りである。なお、いずれの場合にも、小切手に対して支払いがなされたら原因関係上の債権も消滅するし、原因関係上の債権に対して弁済を行うときは、小切手と引換えでなければ弁済しないという引換給付の抗弁を主張でき

る。

　個々の取引において、小切手の振出しが三通りのうちのいずれに当たるかは、原因関係上の意思解釈の問題である。小切手は銀行を支払人として支払われるものであるから、通常は「支払いのため」か「支払いに代えて」のいずれかであり、「担保のため」と解される場合は多くないと思われる（支払場所を受取人の自宅として振り出した約束手形についての判例には、「担保のため」の振出しと解釈したものがある。最判昭和23・10・14民集2巻11号376頁・商判Ⅶ-33事件）。

4　小切手の法規制

　小切手法については、国際的な統一条約（1931年のジュネーヴ統一小切手法条約）があり、わが国も、その当事国になっている。したがって、現在の小切手法は、条約に基づいたものである。ただし、第10章「支払保証」は条約の付属書によって国内法に委ねられた問題について独自に規定を置いたものであり、また「附則」も、わが国が独自に追加した部分であって、条約には対応する条文が存在しない。たとえば、小切手法67条は、「署名」に記名捺印を含むとしているが、これは、諸外国と違って署名をする慣習がなく、むしろ捺印がこれに代替する機能を営んでいるわが国の実情に合わせるための規定である。

　なお、以上の点は、手形法についても同様である。手形法は、第1編が為替手形、第2編が約束手形、その後に附則という構造を持っているが、このうち、第1編と第2編は、1930年のジュネーヴ統一手形法条約を日本語に直すことによってできており、条約加盟国の間ではこの部分は共通している。もっとも、条約加盟国はほぼ大陸法系の諸国であって、英米法系の諸国は加盟していない。さらに言えば、国によって解釈は異なっていることがあり得るから、同じ条文だから同じ解釈が常に妥当するというわけでもない。

第2節 小切手の振出し

1 小切手要件

　小切手を振り出すためには、小切手法に所定の事項（小切手要件）を記載した書面を作成しなければならない。その内容は、①「小切手」であることを示す文字、②一定の金額の支払いを委託する文言（条件をつけてはならない）、③支払人の名称、④支払地、⑤振出日および振出地、⑥振出人の署名である（小切手法1条）。書面と言っても、紙で作成される必要はない。クイズ番組の賞金としてボードに金額を記載したものも、小切手要件がすべて記載されていれば有効な小切手である。

　逆に、これらの要件が満たされない限り、有効な小切手とはならず、単なる紙片にすぎない（小切手が無効であることを誰に対しても主

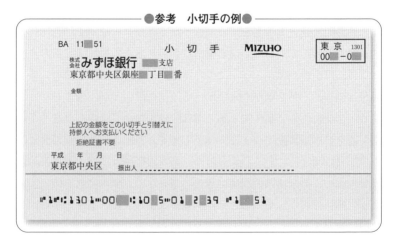

●参考　小切手の例●

張して支払いを拒めるので、「物的抗弁」と呼ばれる）。このことを指して、小切手の（厳格な）要式証券性と言う。小切手が要式証券とされる理由について伝統的な説明は、小切手が書面として作成され、しかも小切手の振出しによる債務が原因関係の影響を受けないので（無因性）、債務の内容を確定するための事項が小切手上に記載されなければならないためであると述べてきた。これに対して、最近の学説は、小切手の取得者がリスク分配の内容について判断するための情報を小切手上に集約し、情報調査コスト（取引費用）を抑えることに目的があると説明している。小切手は、電子マネーやクレジットカードのようなネットワーク型システムと違って、誰もが小切手を作成して振出人となり得るというユニバーサル型システムであるため、証券の形式を厳格に特定し、必要とされる情報がすべて証券上に記載されることが法律によって要求されているわけである。

　もっとも、現実には、昭和40年に統一小切手用紙が制定され、それ以降現在に至るまで、当座勘定規定（**資料4**）の中で、小切手の振出しに際しては自行が交付した用紙（統一小切手用紙）を使用することが義務づけられている。さらに、その記載方法については、「小切手用法」という約款に定めがある（**資料5**）。日本の金融機関は、これらの条件を満たさない小切手の取立てや支払いには応じないので、現在の日本の銀行取引では、小切手もネットワーク型システムに近いものとなっている。それに伴って、要式証券性は運用上やや緩和されており、たとえば振出日の記載を欠く小切手に対しても、当座勘定規定の下では、支払いがなされる（当座勘定規定17条1項）。

　小切手要件については、いくつかの技術的な問題がある。第一に、②支払委託文言の中の金額について、証券上に複数の異なる金額の記載があるときは、文字と数字があれば文字を優先し、複数の文字・数字同士の間では最も小さい金額を小切手金額とする（小切手法9条）。その結果、金額欄に「金壱百円也」と書かれていれば、欄外に

「¥1,000,000.-」という記載があったとしても、小切手金額は100円となる（最判昭和61・7・10民集40巻5号925頁・商判Ⅶ-18事件。約束手形の事案）。小切手法の規定の趣旨は、事後の変造の危険を考慮して変造されにくい記載を優先するところにあり、振出人の誤記のリスクについては小切手取得者に注意させれば十分だと考えられているのである。なお、小切手用法4条（**資料5**）では、金額は金額欄に記載し、アラビア数字による場合はチェックライターを使用して、頭に「¥」、終わりに「※」または「★」を印字するように要請している。

　第二に、⑥振出人の署名については、法律上は、自署を原則とするが記名捺印によってもよく（小切手法67条）、わが国では、むしろ当座勘定取引のために届け出た印鑑（当座勘定規定14条）を用いた記名捺印の方が原則となっている（小切手用法3条）。法人の場合には、法人名を記載して法人印を押捺しただけでは有効な記名捺印ではなく、代表者名を表示した上で代表者印を捺印しなければならない（最判昭和41・9・13民集20巻7号1359頁・商判Ⅶ-2事件。約束手形の事案）。法人には「自署」があり得ないのでその代替としての記名捺印もあり得ないという理由によるが、実質的には、わが国の実務上、法人印は厳しく管理されていないという事情が考慮されたものと推測される。

　署名に用いる氏名・名称は、通称や芸名であっても構わないとされている。わが国では、銀行取引停止処分を受けた者が家族や親戚の氏名を借りて事業活動を継続するという事例が頻繁にあり、判例は、それを「自己（A）を表示する名称として他人の名義（B）を使用したもの」として、名義を借用した者（A）に署名者としての責任を認めている（最判昭和43・12・12民集22巻13号2963頁・商判Ⅶ-1事件。約束手形の事案）。もっとも、他方では、名義人から権限を与えられ、代理人であることを示さずに直接記名捺印を代行することも有効であるとされているが（機関方式による記名捺印）、その場合には、名義人（B）が署名者としての責任を負うはずである。いずれであるかは署

名の「解釈」の問題に帰着するとされている。

　第三に、小切手の受取人（支払いを受けるべき者）の記載方法については、(a)特定の受取人名のみを記載する方式（記名式）、(b)「＊＊＊またはその指図人に支払います」として事後的に受取人が指定できるようにした方式（指図式）、(c)記名式であって、さらに「指図禁止」「裏書禁止」といった文言を記載した方式、(d)受取人を指定せず、小切手の所持人が支払いを受けるべき者であるとする方式（持参人払式）の四通りが認められる（小切手法5条1項）。これらの記載方法は、小切手の譲渡の方式を決定する。

　(a)と(b)の小切手は法律上当然の指図証券であるため、譲渡の方法について違いがなく、いずれも裏書によって譲渡できる（小切手法14条1項）。(c)は裏書による譲渡を排除した方式であるから、民法の債権譲渡の方式によってのみ譲渡されることになる（小切手法14条2項）。(d)は、裏書を必要とせず、交付によって譲渡できる。実際には、統一小切手用紙にはそもそも受取人欄がないので、常に持参人払式になる（小切手法5条3項）。もっとも、一覧払であって、かつ呈示期間も10日間しかない小切手が譲渡されることは、銀行に取立てを委任する場面以外では、あまり考えられない。

　小切手要件の具備は、形式的に判断され、それが実態に合致していたか否かは問題とされない（外観解釈の原則）。現実に小切手を振り出した日とは異なる将来の日を振出日として記載した先日付小切手（第4章第1節1）が有効と認められていることは、その現れである。

2　小切手の記載の効力

　小切手上の記載は、小切手外の事情に左右されることなく、文言どおりの効力を与えられる（文言証券性）。小切手外の事情について調査するコストを小切手取得者に負担させないための制度である。このこ

とと関連して、小切手の記載について解釈が問題となる場合にも、契約解釈の原則とは異なり、証券上に現れていない諸般の事情を考慮することはできないとされている（客観解釈の原則）。

すると、小切手上の記載だけからは複数の意味に解釈できる場合には、所持人が自己に有利な方の解釈を主張できるということになる。これを肯定した判例（最判昭和47・2・10民集26巻1号17頁・商判Ⅶ-4事件。約束手形の事案）は、このような場合、振出人は、主張された解釈が振出人の意図と異なることを知っている所持人に対して、その事実を人的抗弁として主張できるとしている。曖昧な記載は、記載の作成者である振出人が注意すれば容易に回避できるので、そのリスクを振出人に負わせ、曖昧さのない記載をするインセンティヴを与えていると言ってよいであろう。

もっとも、明らかに不合理な記載について、社会通念に従った解釈を施すことは、文言性や客観解釈の原則とは矛盾しないと考えられている。約束手形に関して後述するところ（**第6章第2節**）を参照されたい。

3 白地小切手

小切手要件が完全に記載されていないときは、まったく無効な紙片にすぎないはずであるが、実務上は、振出しの時点ですべての要件を記載しないままにしておく方が便利な場合がある。たとえば、商品の代金が厳密には確定していないが、確定した後には小切手を交付する機会がないといった状況である。そこで、一部の要件について空白（白地）のままになっていても、それを後日補充することが予定されているときには、有効な証券として認めるという取扱いが確立している（白地手形についての大判大正10・10・1民録27輯1686頁など）。その根拠は、商慣習法上の有価証券であるとして説明されているが、実質

的に見れば、定形化による取引費用の低減効果よりも白地小切手を利用するニーズの方が大きいと認められ、その限りで要式証券性が緩和されたと言えるであろう。

　白地小切手と認められるためには、白地部分について、後日、所持人が補充することが予定されているのでなければならない。そのような白地を補充する権利（補充権）は、判例によれば、合意によって与えられる（前掲大判大正10・10・1）。合意の中には、補充される内容を決定する方法（たとえば、「送料が確定したらそれを代金額に加算して小切手金額とする」）についての制約も含まれているはずである。そのような合意内容とは異なる内容が補充された場合（補充権の濫用）のリスク分配をどのように考えるべきかについては、白地手形に関する部分（**第6章第3節5(2)**）で検討する。

　なお、判例は、一部の要件を欠く小切手が「振出人の意思に基づいて流通に置かれた」ときは、補充権を与える合意がなかったとしても、本来意図したところと異なる内容が補充されれば、そのことを所持人に対抗することができないとしている。例外は、所持人が悪意または重大な過失によって小切手を取得した場合に限られる（最判昭和31・7・20民集10巻8号1022頁・商判Ⅶ-19事件。手形要件の一部について、振出人が後日記入する予定であった事案）。すると、わが国の実務で一般に利用されている統一小切手用紙を利用している限り、この判例によって、一部の要件を空白にした小切手はすべて補充権が与えられた白地小切手と同様に扱われることになる。

4　意思表示の瑕疵

　小切手の支払いを委託する意思は、小切手上の文言によって表示され、小切手が支払人に対して呈示された時に支払人に到達する。その意味で、小切手は意思表示を伝達する媒体としても機能しており、小

切手の振出しは法律行為（小切手行為）である。小切手の作成のみで小切手行為が完成するのか、交付まで行われる必要があるのかなど、小切手行為の概念規定をめぐっては、古くから論争の対象となってきた（主として手形行為について論じられるので、「手形理論」と呼ばれる）。

小切手の振出しが法律行為であるとすれば、法律行為や意思表示の瑕疵に関する民法の規定の適用の有無が問題となる。小切手法は、この点についてまったく規定を置いていないので、問題は解釈に委ねられている。

第一に、小切手行為を行うための権利能力（小切手能力）については、民法の原則がそのまま適用されると解されている。したがって、自然人は当然に小切手能力を有するが、法人は、定款または寄付行為に定められた目的の範囲に属する限りにおいて、小切手能力が認められる。もっとも、現在の判例は、「法人の目的の範囲」には目的遂行のため必要な行為を含むと解し、かつ、その判断は客観的・抽象的な観察によってなされるとしているので（最判昭和44・4・3民集23巻4号737頁。約束手形の事案）、小切手という支払手段を利用することが目的遂行のために必要ではないような法人は、まず考えられない。

第二に、小切手の振出しについても、意思能力（改正後民法3条の2）は必要である。したがって、たとえば老人性痴呆の状態にあった高齢者が小切手に署名して交付したとしても、それは有効な振出しではない（約束手形について、東京地判平成10・3・19金法1531号69頁）。また、行為能力に関する民法の規定もそのまま適用されると考えられているので、それぞれの要件に従って振出しを取り消すことが可能である。

第三に、小切手の振出しに意思表示の瑕疵があった場合について、判例は、振出し（小切手行為）そのものには民法の規定が適用されず、意思表示の瑕疵は人的抗弁事由となるにすぎないとしている（錯誤につき最判昭和54・9・6民集33巻5号630頁・商判Ⅶ-5事件、詐欺に

つき最判昭和25・2・10民集4巻2号23頁・商判Ⅶ-6事件、強迫につき最判昭和26・10・19民集5巻11号612頁。改正民法の施行後は、代理権濫用の場合（前掲最判昭和44・4・3）についても民法107条に従って処理されることになろう。いずれも約束手形に関する事案）。すると、善意の支払人との関係では、振出しの無効・取消しを主張して支払いの効力を否定することはできないという結果になる。民法の規定は、瑕疵ある意思表示について本人がリスクをコントロールできる場合と相手方がコントロールできる場合のバランスをとったものであり、人的抗弁の形で決済の当事者間に適用するには適しているが、決済機関である支払人は、それらの規定の複雑な要件を判断する立場になく、仮にそのような判断を求めれば決済システム全体のコストを押し上げる結果となりかねないので、判例の考え方は、全体として合理性があると考えられる。

　もっとも、以上のいずれの場合にも、その小切手に対して支払人が支払ってしまったときは、小切手の振出しが無効になったり、取り消されたとしても、支払いが無効となり、支払人である銀行に対して預金債権の存在を主張できるとは限らない。当座勘定規定では、印影または署名を届出の印鑑（または署名鑑）と相当の注意を持って照合した場合には、小切手につき「偽造、変造その他の事故があっても」銀行は責任を負わないとされているので（**資料4**の当座勘定規定16条1項）、振出人の行為能力の制限も「その他の事故」に含まれるとすれば、銀行による支払い自体は有効になる可能性があるからである。

　なお、これまでの学説は、手形法40条3項を小切手の支払いに準用し、支払人が振出人の行為能力の制限等について善意無重過失であれば支払いは有効になると解してきたが、小切手は約束手形と異なり銀行が決済機関として関与する仕組みであるから、手形法40条3項のような免責の規定によって解決されるべき問題ではないであろう（手形法40条3項を準用する意味があるとすると、同条項は当事者間の特約を排

除する強行規定だということにもなりかねない)。

5 交付欠缺

　そもそも、振出しの意思表示が存在したと言えるか否かが問題となり得る場合として、小切手を完成し、相手方に交付する前に盗まれたり、騙し取られたりする事案がある。このような事案を伝統的に「交付欠缺」と呼び、手形理論との関係で、従来から理論的にもまた結論についてもさまざまな見解が対立してきた。

　判例は、「流通に置く意思で」署名したときには、振出人による交付が完了していなくとも、振出人の責任を肯定する（最判昭和46・11・16民集25巻8号1173頁・商判Ⅶ-7事件。約束手形の盗難の事案）。ただし、所持人が悪意または重過失によって小切手を取得したことが証明されれば振出人は責任を負わないとされ、所持人の入手経路が不審な場合に重過失を肯定する裁判例がある（東京高判昭和47・4・14判時668号82頁。約束手形の事案）。また、下級審の裁判例を見ると、不要になって破棄するつもりで保管していた事案では、「流通に置く意思」が否定されている（大阪地判昭和47・12・18判時697号92頁、福岡高宮崎支判昭和48・10・3金判388号7頁。いずれも約束手形の事案）。

　外形的に見ると、すでに振り出された小切手が所持人の下から盗まれた事案と似ているように見えるかもしれないが、状況は同じではない。すでに振り出された小切手が盗まれたときは、小切手に対する支払いがなされれば、その反面で被害者は支払いを受けられなくなるが、交付欠缺の場合には、振出人の責任が肯定されたとしても、どこかで権利を失う者がいるわけではないからである。システム全体として見れば債務の総額が増えている状況であり、むしろ電子マネーのデータやクレジットカードが偽造された場合と問題は共通している。ところが、小切手はユニバーサル型システムであって、取引への参加

者が事前に限定されているわけではないから、システム全体としてリスクを負担し、そのコストを保険により関係者全員に広く転嫁するという解決をとることが難しい。そこで、判例は、振出人と現在の所持人のいずれかにリスクを負担させるという解決をとっている。

もっとも、そうだとしても、「流通に置く意思」をリスク負担の基準とすることが盗難や騙取を防止するための適切なインセンティヴを設定しているかという問題はある。「流通に置く意思」に関する下級審判例において、小切手の管理状況等に帰責事由を認めるという考え方はとられていないからである。

第3節　無権限取引

1　代理方式と機関方式

意思表示の瑕疵、および、交付欠缺のほかに、小切手取引が正常に行われない場合としては、振出権限を有する本人ではなく、振出権限を持たない他者が、本人の承諾を得ずに勝手に小切手を振り出してしまう無権限取引もある。そのような無権限取引の処理を見る前にまず、そもそも他者が本人に代わって小切手を振り出すには、どのような態様があり得るのかを見ておこう。

他者による小切手の振出方法には、①代理方式と、②機関方式とがある。代理方式においては、本人Ｐの名称のほか、その他者Ａの名称が小切手上に表示されるのに対し（「Ｐ代理人Ａ」）、機関方式においては、本人Ｐの名称しか小切手上に表示されていない（「Ｐ」）。本人が自然人であれば、「Ｐ代理人Ａ」、「Ｐ」というどちらの方法も可能だが、本人が法人（たとえば株式会社）である場合には、「Ｐ株式会社代

表取締役Ａ」という代理方式のみ可能で、「Ｐ株式会社」という機関方式は無効とされている（最判昭和41・9・13民集20巻7号1359頁・商判Ⅶ－2事件。約束手形の事案）。法人はその代理人を通じてしか行為できないということが理由とされている（**第4章第2節1参照**）。

なお、機関方式は、企業などにおいて本人の指図に従って機械的に小切手を振り出す場合に多用されている。たとえば、「Ｐ株式会社代表取締役Ａ」という記名を、Ａ自身ではなく、Ａから委任を受けたＰ社の財務部員Ｂが作成する場合は、代理方式（代理人Ａ）の小切手を機関方式（Ｂ）で作成していることになる。

2 偽造・表見代理

(1) 本人の責任

このような代理ないし機関方式が利用された場合に、小切手作成者に本人から小切手振出権限が授与されていれば問題はないし（ただし、本人が自然人の場合、「Ｐ」という機関方式をＡによる署名でなし得るかについては、すでに説明した）、追認（民法113条）がある場合も問題はない。これに対し、他者による無権限取引については、本人Ｐが無条件に小切手債務の支払責任を負うのでは、安心して小切手を利用することはできないし、だからといって、本人Ｐが無条件に免責されるというのでは、債権者の方が小切手を支払手段として安心して受け取ることができない。ここでの問題は、代理方式の場合（表見代理）についても、機関方式の場合（偽造）についても、他者による無権限取引のリスクを誰が最もよくコントロールできるのかというものになる。

この点について判例（たとえば最判昭和36・12・12民集15巻11号2756頁・商判Ⅶ－8事件を参照。約束手形の事案）は、民法の表見代理の規定（民法109条・110条・112条）の適用という形でリスク分配を実現し

ている。表見代表取締役（最判昭和43・12・24民集22巻13号3349頁）・利益相反取引（最判昭和46・10・13民集25巻7号900頁・商判Ⅰ-95事件。約束手形の事案）・名板貸（最判昭和55・7・15判時982号144頁・商判Ⅰ-8事件。約束手形の事案）などについても、同様に処理されることになる）。

　偽造の場合にも、民法の表見代理規定が「類推適用」されることによって、同様の結論が導かれている（最判昭和43・12・24民集22巻13号3382頁・商判Ⅶ-9事件。約束手形の事案）。もっとも、機関方式で、無権限者が本人になりすましている場合には、代理権の存在が証券面上に表されていないから、そもそも「代理権の存在」に対する第三者の信頼は発生しようがない（これに対し、代行権限について誤信した場合には、この問題は生じない）。とすると、偽造の場合には、第三者の正当事由要件は、「代理権の存在」についての信頼ではなく、「真正な小切手」という事実への信頼と読み替えられていることになる。

　ともあれ、民法の表見代理に関する規定が、本人がリスクをよりよくコントロールできる領域（帰責事由）と相手方がリスクをコントロールできる領域（正当事由）を適切に分配しているのであれば、小切手の無権限取引の処理についても、同様のことが言えるであろう。帰責事由は、代理権ありと他者に誤信させるような行為（代理権授与の表示（民法109条）・代理権授与（民法110条・112条））であり、本人がその発生・不発生をコントロールできる事項である。これに対し、たとえば不自然な代理権の表示や、その業界であれば通常期待される額を超えた金額の小切手であるような場合には、小切手の取得者が、その点を振出人や支払銀行に問い合わせれば事故の有無を確認でき、無権限取引を抑止できるから、小切手の取得者にリスクを負担させて事故の発生をコントロールさせた方が望ましい。

　なお、学説上は、流通を前提とする有価証券については、民法の正当事由のように善意無過失要件では小切手取得者の保護に欠け、善意

無重過失で足りるとすべきとの主張も強い。しかし、日本では、小切手も手形も、事故が発生したもの以外はほとんど流通しないことに鑑みれば（**第6章第1節1(2)を参照**）、そこまで流通保護を強く主張する必要性は疑わしい。決済機関は当座勘定規定によって保護されている以上（**第4章第3節3を参照**）、判例のように、民法どおりに善意無過失で足りると言うべきであろう。

　もっとも、表見代理規定が保護するのは、第三者による代理権の存在に対する信頼であるから、小切手の受取人からさらに小切手債権の譲渡を受けた者が請求してくる場合（無権限取引の「直接」の相手方でない場合）には、代理人と顔すら合わせていない以上、そのような信頼はあり得ない。そうすると、無権限取引の直接の相手方ではない小切手所持人については、表見代理規定の（類推）適用はできないことになる（前掲最判昭和36・12・12）。しかし、その場合であっても、小切手が無権限で振り出されたかどうかは、小切手所持人には判別しがたいから、無権限取引の直接の相手方の場合と同様、このような小切手所持人を保護してやる必要がありそうである。

　そこで、そのような場合には、本人は使用者責任（民法715条）に基づく責任を負う余地があり、小切手所持人はこれを追及できるとされている（最判昭和36・6・9民集15巻6号1546頁・商判Ⅶ−12事件。約束手形の事案）。使用者責任の要件は、①使用関係、②職務の執行について、③選任監督上の過失であるが、これらのうち、①と③は容易に充足される。②については、いわゆる外形標準説が適用され、印鑑を預けていたとか手形小切手に関する事務を委任していたなどの事情があればこの要件は充足するとされている。第三者側の信頼を重視する本来の外形標準説に比べると、本人側の帰責性を重視した形になっているが、これは、わが国における小切手・手形の偽造の大半を、小切手帳・印鑑の盗難によるものではなく、従業員によるものが占めており、第三者側よりも本人の方がリスクのコントロールに優れていると

いう認識によると考えられる。実際の判例は、過失相殺の規定（民法722条）を活用して第三者と本人とのバランスを図ろうとしている。

(2) 無権限者の責任

無権限取引がなされた場合、小切手の取得者は、本人に対して責任を追及する以外に、無権代理人や偽造者に対して責任を追及する途もある（もちろん、所在不明や無資力により実効性が低い場合が大部分であるけれども）。無権代理人に対しては、民法117条の特則である小切手法11条（手形法8条も同内容）により、責任追及をなし得る。表見代理が成立していることは抗弁にならないが（最判昭和33・6・17民集12巻10号1532頁。約束手形の事案）、小切手所持人に、無権限取引であることについての善意が必要とされている（ただし、改正後民法117条も参照）。偽造者に対しても、同条を類推適用することによって責任追及をなし得る（最判昭和49・6・28民集28巻5号655頁・商判Ⅶ-10事件。約束手形の事案）。

3　支払銀行の義務（当座勘定規定）

無権限取引に関する以上の説明では、所持人と振出人の間のリスク分配のみを考えてきた。しかし、小切手の流通過程においては、振出人が直接所持人に対して現金を支払うのではなく、支払銀行が振出人の当座預金口座から小切手金額を引き落とすことによって支払いがなされる。このため、無権限取引のリスクをコントロールできる可能性がある当事者には、振出人と所持人だけでなく、支払銀行も含まれることになる。

そこでまず、振出人としては、無権限取引が行われたこと、または、行われる可能性があることを知った後、ただちに支払委託の撤回（小切手法32条）をすることになる。たとえば、小切手帳を喪失した場

合には、支払銀行に喪失届を提出して支払委託を撤回する。もっとも、支払委託の撤回の効果が発生するのは呈示期間経過後（小切手法32条1項）となっているから、それまでの間は、支払銀行がその小切手に支払いを行ってしまっても、支払銀行は振出人に対して責任を負わない。しかし、実際には、喪失届・事故届が提出されていれば、支払銀行はその小切手の支払いを拒絶してくれるのが通常である。なぜなら、見ず知らずの小切手所持人よりも継続的な取引相手である顧客（振出人）の利益を保護することが自らのためにもなるし、喪失届・事故届の提出によって自らが悪意者になっている危険性もあるからである。

　しかし、そのような手続がなされていなかった場合、支払銀行は小切手に対する支払いを行ってしまう。もちろん、支払委託は、「有効な小切手に対して支払いをなすこと」の委託であって、「無権限で振り出された小切手に対して支払いをなすこと」の委託までは含まれていないから、そのような支払銀行の支払いは、委任契約上の債務不履行となり、支払銀行は振出人に対して損害賠償責任を負うことになるはずである。そして、支払銀行が無権限取引を行った者に対して求償していくことになりそうである。

　しかし、実際には、当座勘定規定（**資料4**）16条により、印鑑等の照合を「相当の注意」をもって行い、偽造を発見できなかった場合には、銀行は免責される。この約款は、判例によっても有効性を認められており、「金融機関としての銀行の照合事務担当者に対して社会通念上一般に期待されている業務上相当の注意」を払っていれば、銀行は免責されてしまう（最判昭和46・6・10民集25巻4号492頁・商判Ⅶ-11事件（約束手形の事案）、ただし最判昭和39・12・4判時391号7頁・商判Ⅶ-37事件も参照）。

　たしかに、印鑑等の照合を支払銀行が厳密に行うことには多大なコストと時間がかかるし、それによって無権限取引を追加的に抑止でき

る可能性はあまりない。さらに、わが国の無権限取引の大半が、小切手用紙や印鑑の保管の不十分さという、振出人の支配領域に存在するリスクに起因していることに鑑みれば、このような形でのリスク分配にも一定の合理性があるようにも考えられる。しかし、このようなリスク分配のあり方は、唯一絶対のものではない。

　たとえば、一般人が日常的に小切手を利用する米国においては、わが国と同様のリスク分配によったのでは、日常的に小切手帳を持ち歩くことが危険になり、小切手の利用が抑制されかねない。それでは、多額の現金を持ち運ぶことが稀な米国においては、利用可能な決済手段が制約され、日常生活に大きな支障が発生してしまう。このため、無権限取引のリスクは、本人ではなく、基本的には支払銀行が負担するルールが採用されている。

　そして、この米国のルールの下でも、支払銀行は無権限取引の発生をコントロールすることができる。この場合、支払銀行は署名の照合をしているわけではない。顧客の支払状況をモニターし続け、異常な取引があった場合に自動的に警告を発するようなプログラムを設定しておくことによって、無権限取引による損害の発生を最小化することができるし、そのような行動をとるインセンティヴを持たされているのである。さらに、個別の預金者よりも、支払銀行の方が無権限取引に関する保険を一括して安価に購入できるし、個別の利用者には楽観主義バイアスによって保険の購入が十分に行われない可能性があることも、米国のルールの合理性を根拠づけている。

　このように、無権限取引に関しては支払銀行を責任から隔離し、決済システム運用機関としての役割に純化させるわが国の法ルールは、一つの行き方ではあるが、絶対唯一のものではない。どのような法ルールが最も望ましいのかは、さまざまな社会条件によって左右されるのである。

第4節　線引小切手

　わが国の小切手法上は、小切手の盗難や不正利用のリスクに対処するためのシステムとして、線引小切手の制度が設けられている。これは、小切手に2本の平行線を引くこと（線引）によって、支払いを受けられる者の範囲を限定するという仕組みである。支払いを受ける者を限定したからといって不正利用が完全になくなるわけではないが、支払銀行によるモニタリングが容易になるという効果は期待できる。

　線引には、一般線引と特定線引の2種類がある（小切手法37条2項）。一般線引は2本の平行線の間に何ら記載をしないか、または「銀行」等の一般的な文言を記載したもの、特定線引は特定の銀行の名称を記載したものである（小切手法37条3項）。

　一般線引がなされた小切手に対しては、支払銀行は、自行の取引先または他の銀行に対してのみ支払うことができる（小切手法38条1項）。言い換えれば、支払銀行がまったくモニターできない所持人に

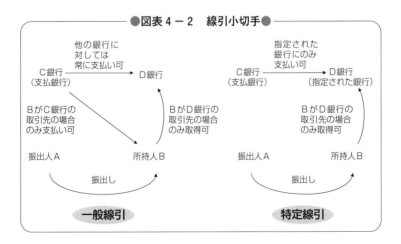

●図表4-2　線引小切手●

対しては、支払いをしてはならない。また、支払銀行以外の銀行は、自行の取引先または他の銀行からしか一般線引小切手を取得してはならない（小切手法38条3項）。そうでなければ、支払銀行以外の銀行を介在させるだけで、容易にシステムを潜脱することができてしまうからである。これらの制約に違反した銀行は、不正利用のリスクを高めたのであるから、損害が発生したときは、過失の有無を問題とする余地なく賠償責任を負う（小切手法38条5項）。

特定線引がなされた小切手の場合には、原則として、名称の記載によって指定された銀行に対してのみ支払うことができる（小切手法38条2項）。特定線引は、手形交換所に小切手を持ち出す銀行が自行の名称を記載して線引きするという目的以外では用いられていない。

線引は、小切手の振出人または所持人によって行われる（小切手法37条1項）。支払いを受ける者の範囲を限定して不正利用のリスクを抑えるという目的から、線引を抹消したり、特定線引の銀行名を抹消して一般線引にしたりすることは認められず、仮に行われたとしても効力を持たない（小切手法37条4項・5項）。ところが、日本の当座勘定規定では、線引小切手の裏面に届出印を押捺してあれば、銀行は小切手の所持人に対して支払ってよいものとした上で、それによる損害賠償責任は負わないと定めている（**資料4**の当座勘定規定18条）。日本の銀行取引の慣行を明文化したものと言われているが、これにより、不正利用に対処するための線引のシステムが、事実上、機能しないようになってしまっていることは否定できない。

第5章 為替手形

(1) 為替手形の仕組み

　為替手形は、小切手に似て、送金手段として機能する有価証券であるが、それと同時に、信用機能をも有している。もっとも、信用機能については、約束手形がその中心的な機能として有しているので、その説明は約束手形の章（**第6章**）に譲り、ここでは、為替手形の仕組みと利用方法についてのみ、簡単な説明を加える。

　為替手形には、振出人・受取人・支払人という三人の当事者が存在する。為替手形に当初記載されているのは、振出人から支払人に対する「受取人に対して手形金を支払ってください」という依頼（手形法1条2号）だけであるが、支払人は、引受けをすることにより、引受人となって、手形金を支払う義務を負担する（手形法28条）。もし、支払人が引き受けなかった場合、あるいは引き受けたけれども手形金を支払わなかった場合には、遡求という形で従前の当事者が担保責任を負う（手形法43条1号。この点については、約束手形で詳しく説明する）。

　引受けとは、支払人が債務（手形金支払義務）を負担するという意思を表示する法律行為（手形行為）である。為替手形の所持人または占有者は、支払人に引受呈示（手形法21条）をして、引受けの意思の有無を支払人に打診することができる。もっとも、引受呈示をするかどうかは、原則として、所持人の自由である（例外的に、振出人は引受呈示を義務づけたり、逆に引受呈示を禁止したりすることができ、また裏書人は引受呈示を義務づけることができる。手形法22条）。

　引受けは、為替手形に「引受け」と記載した上で署名するという方法で行われる（手形法25条）。また、引受けを手形金額の一部に限定してすることはできるが、それ以外の条件や制限をつけることは許されない（手形法26条）。

(2) 為替手形の利用

　古典的な送金手段としての為替手形の利用には、売為替・順為替

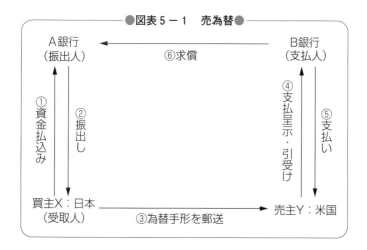

と、買為替・逆為替という二つの利用方法がある。

　売為替の場合、たとえば、日本の買主Xが米国の売主Yからの商品輸入代金を送金したい場合、まず、日本にあるXの取引銀行Aに、資金を払い込んで、A銀行を振出人・Xを受取人・米国の銀行Bを支払人とした為替手形を振り出してもらう。Xはこの為替手形をYに裏書して郵送し、YはB銀行にこの為替手形を支払いのために呈示し、引き受けてもらう。引受けによって引受人となったB銀行は、Yに対して手形金を支払い、A銀行から支払額の求償を受けることによって、送金が完了する（図表5－1）。ここで、AB銀行間には、このような支払いを互いのために行う「コルレス（correspondenceの略）契約」があらかじめ存在している。

　買為替の場合、たとえば、日本の売主Xが米国の買主Yから商品輸出代金を取り立てたい場合、まず、自らを振出人かつ受取人・Yを支払人とした為替手形を振り出し、これを自らの取引銀行Aに対して取立委任に回す。すると、A銀行は、米国のB銀行にさらに取立委任に回し、B銀行がYに対して支払いのための呈示を行い、Yに引受けを

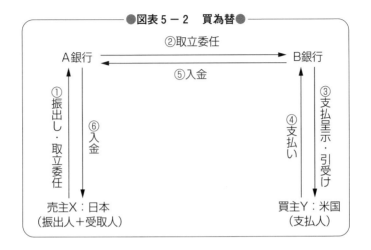

してもらう。引受けを行う前は、支払人は、為替手形について支払いをする義務を負わないが、引受けを行った後は、支払人は引受人となり、為替手形について支払いをする義務を負担することになる。こうして引受人となったYがB銀行に対して手形金を支払い、それがB銀行からA銀行に支払われ、最終的にXのA銀行口座に入金されることになる（図表5−2）。

もっとも、以上のような純粋な送金手段としての古典的な為替手形の利用は、今日では、国際的にも国内的にも銀行振込に代替され、減少傾向にある。今日でも依然として為替手形が利用されるのは、単なる送金手段ではなく、同時履行を実現するための荷為替手形の一環としてである。国際取引では、商品の運送に時間がかかるため、商品の引渡しと代金支払いの同時履行を実現するために、船荷証券と買為替とが同時に利用されるのである。日本の売主Xから米国の買主Yに対して商品が輸出される場合で考えてみよう（図表5−3）。

Xはまず、船会社に積荷を引き渡して船荷証券（Bill of Lading、B/L）の発行を受けた後、自らを振出人・日本にある取引銀行Aを受取

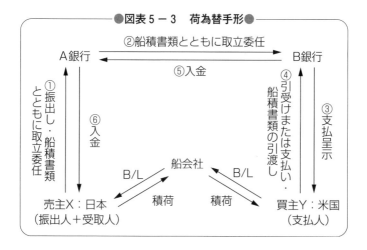

人・Yを支払人とする為替手形を振り出し、為替手形・船荷証券・保険証券・送り状をまとめてA銀行に交付する。A銀行は、これらの書類を一括して米国のB銀行に取立委任に回す。この際、郵便事故を避けるために、2便に分けて郵送するので、為替手形は複本（手形法64条）が作成されるのが通常である。書類を受け取ったB銀行は、Yに対して為替手形を呈示し、引受けがあるか、または支払い（どちらによるかは、契約条件によって決まっている。前者がD/A条件（delivery against acceptance）、後者がD/P条件（delivery against payment）と呼ばれる）があれば、船荷証券・保険証券・送り状をYに引き渡す。Yは、船荷証券を船会社に呈示すれば、米国の港で積荷の引渡しを受けられるので、この引受け・支払いと書類の交付とで同時履行が達成されることになる。

以上は、最も単純な荷為替手形の利用方法であるが、これ以外にも、信用状（letter of credit、L/C）を併用するなどさまざまなバリエーションがある。詳しくは商取引法の教科書を参照されたい。

第6章
約束手形

第6章 約束手形

第1節 約束手形とその発展形態

1 約束手形の基本

(1) 約束手形の仕組み

　約束手形は、支払いの道具としてのみならず、信用の道具としても機能する支払手段である。たとえば、買主Xが売主Yから、5月1日に商品を購入して売掛金債務を負担し、同日、自らを振出人・Yを受取人として満期が6月30日の約束手形を振り出したとしよう。すると、Yは、自らの取引銀行Bに対し、満期の前に手形の取立てを委任し、B銀行は、満期が到来したら手形上に支払場所として指定されたA銀行に手形を呈示する。XはA銀行に当座預金口座を開設しておき、満期までにそこに手形金額（以上）をあらかじめ入金しておく。

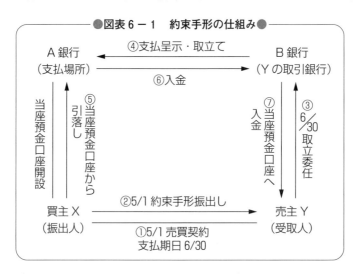

●図表6-1　約束手形の仕組み●

すると、A銀行はXの当座預金口座から手形金額を引き落としてB銀行に支払い、それをB銀行が手数料を差し引いた上でYのB銀行口座へ入金する（**図表6−1**）。これが、約束手形を使った場合の通常の支払プロセスである。

銀行振込や小切手においては、支払指図や振出しの後、即座に決済がなされる。しかし、企業間取引においては、売買契約の締結や商品の引渡し後即座に代金決済を行うのではなく、一定期間、支払いを猶予することがしばしばなされる。その都度決済する手間とコストを回避する目的による場合もあれば、買主が商品を転売するなどして現金化した後に、それをもって支払いの資金にあてさせる目的による場合もあるだろう。

この場合、その猶予期間内は、売主から買主に対する与信がなされていることになる。もっとも、単にそのような信用機能を実現したいのであれば、取引成立後ただちに代金の弁済をするのではなく、支払期日まで待ってから、銀行振込や小切手による支払いをすれば足りるはずである。にもかかわらず、前述のように約束手形を利用した与信が選択されることがあるのには、通常の債権に比べると約束手形にはいくつかの有利な点があるからである。

まず、通常の債権について履行期に支払いがなされなかった場合は単に債務不履行になるだけであるが、約束手形について、同一人が6月間に2回の不払い（「不渡り」と呼ぶ）があると、後述（**第6章第4節4**）のように、銀行取引停止処分（東京手形交換所規則65条1項）が発動され、2年間、手形交換所加盟金融機関との当座勘定・貸出取引ができなくなる（東京手形交換所規則62条2項）。このような厳しい制裁を避けるため、債務者企業は不渡りを避けるために最大限の努力をするインセンティヴを持つ。他の債務の弁済を後回しにしてでも約束手形の支払いを優先的に行ってくれるのである。加えて、手形債権の取立てには、手形訴訟と呼ばれる特別の訴訟手続が利用可能であり

(**第6章第7節**)、低コストでの訴訟遂行が可能になるし、第三者へ債権譲渡することで資金回収を図ることも、通常の債権よりも容易になっている。

ただ、債権譲渡による資金回収が容易であることに関しては、なぜ第三者が約束手形を譲り受けてくれるのかということも考えなければならない。譲受人からすれば、新たに取得する債権の債務者の信用リスクがわからなければ、安心してその債権を購入できないはずだからである。そのポイントは、約束手形については、民法上の債権譲渡（民法467条）よりも簡便な手続で債権の譲受けができるし、善意取得（民法192条参照）や抗弁の切断（民法468条対照）による保護や、振出人が手形債務を履行しなかった場合に振出人以外の前主に対して手形金を請求できる遡求によって、事実上前主全員による保証が付されているのと同じ状態になっていることによる。このように、振出人・裏書人・保証人（**第6章第3節**参照）は、「合同責任」を負うとされる（手形法47条1項）。合同責任は、機能的には連帯債務に似ているが、債務者間に一連の序列（前者が後者に対して担保責任を負担する）があるなどの点が異なっている。

(2) 約束手形の利用の実態

このように約束手形の譲渡について遡求制度が存在しているということは、手形を他者に裏書譲渡することが、保証人になっているのと実質的に等しいということを意味する。保証人に進んでなりたがる者は通常いないから、制度上は転々流通することが可能なように設計されている約束手形といえども、現実には約束手形が転々流通することは稀である。通常の約束手形は、買主から売主に対して振り出され、売主が銀行に取立委任に回すか、大企業などが材料・部品等の仕入元である中小企業に対して振り出した約束手形を、その中小企業が自らの取引先銀行に買い取ってもらうのが大半である。これらは「商業手

形」であり、手形面に債務者が2名（振出人と裏書人）登場することから、「複名手形」と呼ばれている。このほか、金融機関の顧客たる振出人が金融機関に対して貸付証書代わりに振り出す「単名手形」（債務者は振出人の1名）も頻繁に利用されている。なお、かつては、CP（コマーシャル・ペーパー）も約束手形を利用していたが、現在では短期社債が利用されている。

約束手形の受取人が、自己の取引先金融機関に約束手形を買い取ってもらう行為は、手形割引と言われ、実質的には取引銀行からその中小企業への手形を担保にした融資である（最判昭和48・4・12金判373号6頁・商判Ⅶ-34事件参照）。受取人の取引先金融機関としては、自己の取引先である受取人の信用力については情報を持っているが、そうではない振出人の信用力についての情報を持っているとは限らないから、この約束手形を使って振出人から資金を回収しようと考えて約束手形を譲り受けるわけではない。金融機関は、受取人の信用力を基礎にして貸出を行っているのである。このため、譲り受けた約束手形は実質的には担保としての役割しか持っておらず、振出人が約束手形に対する支払いを行わなかった場合には、受取人がこの手形を買い戻すという、買戻特約が付されており、振出人の信用リスクは受取人＝割引依頼人が負担する形になっている（銀行取引約定書6条1項、最判昭和51・11・25民集30巻10号939頁・商判Ⅶ-35事件参照）。

約束手形を転々譲渡するという利用法（「回り手形」と呼ばれる）は、わが国では、メーカーが下請事業者に対して振り出した約束手形を、下請事業者が孫請け事業者への代金支払いのために裏書譲渡するという場面で多く用いられてきた。そのような1回の裏書（孫請け事業者がその手形を割り引けば、取立てに出されるまでの裏書は2回）を超えて、約束手形を何度も譲渡するということは、合理的な経済人を前提とするならばあり得ない（譲渡するはずがないし譲り受けるはずもない）事態であるから、盗難・詐欺・支払不能など、何らかの異常性を

抱えている危険性が高い。一部の手形法・小切手法の文献には、「手形の流通保護」の必要性を強調するものがあるが、それは、このような経済合理性を無視し、異常な取引を保護しようとしたものであることがままあるので、注意が必要である。また、売買や消費貸借のような原因関係なしに振り出される融通手形も、不渡りになるリスクの高い危険な約束手形であるが、融通手形であるか否かを手形の券面のみから判断することは難しいことが多い。手形割引の依頼を持ち込まれる金融機関としては、危険な融通手形をいかにして見分けるかが重要な作業となる。

(3) 約束手形の特殊性

約束手形は、法の建前と実態との乖離の大きな支払手段であるという特徴も持っている。これまで本書に登場した支払手段と比較すると、約束手形においては、中央決済機関が存在しない。小切手とも異なり、手形は銀行に当座預金口座を開設していなくても（手形法上は）利用できるのである。そして、オープン・ループ型であるため、支払手段を発行機関にいちいち戻す必要がなく、当事者間で何度でも支払いに利用できる。さらに、純粋な支払手段ではなく、信用機能も付与されたものとなっている。このため、支払プロセスの途上でさまざまな事故が発生しやすい支払手段となっている。そこで、振出人が決済機関としての役割を兼ねているし、個別の決済において決済完了性（ファイナリティ）が問題にならない代わりに、後述するように「抗弁」論が発達してきた。

しかし、このような支払手段としての「古さ」は、実務上はさまざまな形で克服されている。まず、現実の約束手形は、金融機関と当座勘定契約を締結し、統一手形用紙を利用しないと振り出せないし、取立ても取立委任による手形交換を経由する必要があり、支払場所となる銀行が決済機関として機能している。また、オープン・ループ型と

して利用されることは稀で、大半はクローズド・ループ型として運用されている。

ただし、これらの克服は、あくまで事実上のもので、法ルール上は

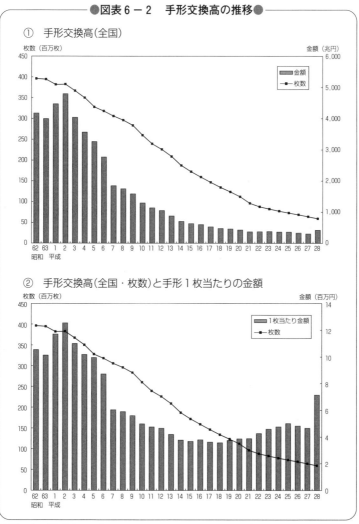

●図表6-2　手形交換高の推移●

① 手形交換高(全国)

② 手形交換高(全国・枚数)と手形1枚当たりの金額

(出所)　全国銀行協会ウェブサイト（http://www.zenginkyo.or.jp/）平成28年版決済統計年報

そのようには設計されていない。そうすると、近年、約束手形の利用が急速に減少してきた（図表6－2。ただし企業間取引ではまだ多く使われている）背景には、紙ベースの支払手段であることによる、紛失・盗難リスクの大きさや事務処理コストの大きさ、印紙税のコストの大きさがあるだけではなく、オープン・ループ型の建前を採用していることに伴うリスクの高さや、決済機能と信用機能の未分離な点なども影響している可能性がある。

(4) 約束手形の法規制

なお、本章を読み進む際には、手形法の条文構造に注意する必要がある。手形法は、約束手形について、為替手形に関する規定をほぼ準用する形式を採用している。第2編の約束手形の部分は、75条で手形要件、76条で手形要件の欠缺について規定した後、77条で為替手形に関する規定の大部分を準用しており、さらに78条でも為替手形の規定を準用している。このため、約束手形に関する条文を正確に参照するためには、77条や78条を経由することが必要になる。これは、前述のように、わが国の手形法が依拠する1930年のジュネーヴ統一手形法条約が（**第4章第1節4**も参照）、約束手形よりも為替手形を多く利用する欧州諸国の実情に合わせて、為替手形を中心に規定を置いたためである。しかし、わが国ではもっぱら約束手形が利用され、判例もほとんどが約束手形に関する事案なので、本書でも、約束手形に即して手形法を解説している（ただし、小切手と共通する問題については、**第4章**を参照されたい）。

2 一括手形と一括支払システム

前述したように、約束手形は紙ベースの「古い」支払手段である。このため、電子ベースの支払手段に比べて支払いにかかる事務処理コ

第1節　約束手形とその発展形態

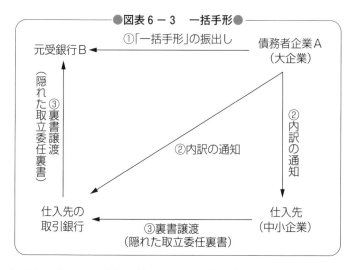

ストが高くなってしまう。特に、多くの仕入先に対して支払いを行わなければならない大企業のような場合には、約束手形を使って支払いを行っていると、多数の手形を扱うことによる管理コストの増大、物理的な紙の紛失・盗難リスクの増加、約束手形1枚ごとに貼付が必要な印紙税支払額の増加といったコストに悩まされることになる。そこで、約束手形の利用に伴うこれらのコストを削減するために、一括手形と呼ばれる集団的な支払手法が開発された（図表6－3）。

　一括手形のスキームにおいては、債務者である大企業A社は、複数の仕入先に対して負う買掛金債務をまとめた、一括手形と呼ばれる約束手形を振り出す。この手形の受取人は、「A社一括手形システム加盟仕入先」となっており、A社の取引銀行である元受銀行Bが、一括手形システムに加盟しているA社仕入先たちから委任を受け、代金を一括して受領する。A社は、仕入先およびその取引銀行に対し、一括手形の内訳を通知する。仕入先は、元受銀行Bが保有している一括手形について準共有持分を有していることになっており、この準共有持分を自らの取引銀行に割り引いてもらって早期に現金化したり、満期

第6章　約束手形

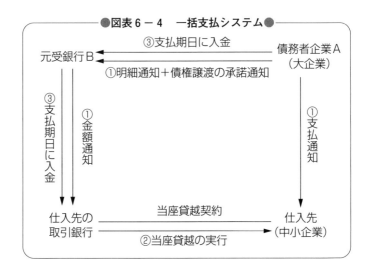

に取立てを委任したりすることができる。

　このような一括手形の利用によって、振り出す必要のある約束手形が１枚となり、印紙税や管理コストは大幅に削減された。これをさらに一歩進めて、物理的な紙をそもそも廃止してしまい、完全に電子ベースに移行することによって、さらにリスクやコストを削減しようと開発されたのが、一括支払システムである（図表６－４）。

　一括支払システムを運営するには、事前にまず、債務者企業Ａ社・仕入先・元受銀行Ｂ・仕入先取引銀行の間で、一括支払システムに関する契約書を締結しておき、さらに、仕入先と仕入先取引銀行との間で、当座貸越契約を締結しておく。Ａ社が仕入先に対して代金債務を負担すると、Ａ社は自己の取引銀行である元受銀行Ｂに対し、①代金債務の明細書を交付するとともに、②支払期日における代金債務の支払いを委託し、さらに、③仕入先から金融機関への代金債務の債権譲渡について異議なき承諾（民法468条）をしておく。この代金債務の明細書の内容は、元受銀行Ｂから仕入先取引銀行へと通知され、仕入先

は、譲渡担保としてのこの代金債権の範囲内で、取引銀行から当座貸越を受けられる。これがちょうど、手形割引に該当することになる。そして、支払期日までに、A社は元受銀行Bに決済資金を入金しておき、支払期日に元受銀行Bから仕入先取引銀行の仕入先の口座に債権額が入金されるのである。

このような一括支払システムを利用することによって、手形を利用することに伴う事務コスト・印紙税が節約でき、物理的な紙の紛失・盗難リスクが減少できるだけでなく、仕入先にとっても、支払期日当日に代金債権を資金化することができるというメリットが発生する。約束手形の場合であれば、手形交換（**第6章第4節3**）に回した後に、不渡りが発生したか否かが確定する不渡返還時限（同3参照）まで待たないと資金化されないから、これは大きなメリットである。

なお、一括支払システムには、仕入先が税金を滞納している場合に、国税庁が滞納分を徴収しようと通知した場合、仕入先の取引銀行が先回りして譲渡担保を実行してこの債権から回収するための合意が組み込まれている。しかし、この合意は、国税徴収法24条5項の適用回避を目的とするものであるとして、無効とされた（最判平成15・12・19民集57巻11号2292頁）。仕入先取引銀行が譲渡担保を実行できなければ債務者Aがその損失を補填することになるから、結局は、仕入先の無資力リスクを、国と債務者Aとのいずれがよく負担できるかという問題に帰着する。この点について裁判所は、債務者Aの方がモニタリング能力に優れていると判断したことになる。

第2節　振出し

約束手形の振出しについては、原因関係の影響を受けないという性質（無因性）を始めとして、小切手について述べたことが基本的に当

第6章　約束手形

●参考　約束手形の例●

<表面>

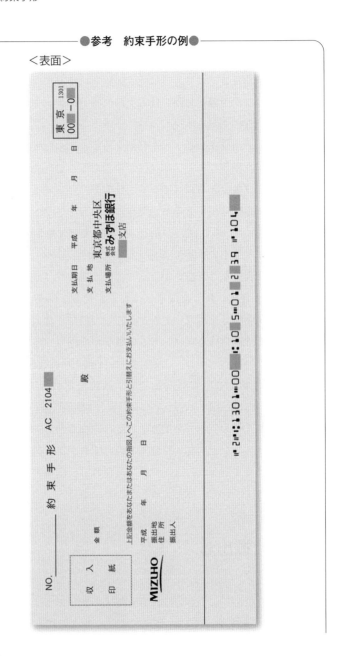

<裏面>

| 表記金額を下記被裏書人またはその指図人へお支払いください |
| 平成　　年　　月　　日　　　　　　　拒絶証書不要 |
| 住　所 |

(目　的)

被裏書人　　　　　　　　　　　　　　　　　　　殿

| 表記金額を下記被裏書人またはその指図人へお支払いください |
| 平成　　年　　月　　日　　　　　　　拒絶証書不要 |
| 住　所 |

(目　的)

被裏書人　　　　　　　　　　　　　　　　　　　殿

| 表記金額を下記被裏書人またはその指図人へお支払いください |
| 平成　　年　　月　　日　　　　　　　拒絶証書不要 |
| 住　所 |

(目　的)

被裏書人　　　　　　　　　　　　　　　　　　　殿

| 表記金額を下記被裏書人またはその指図人へお支払いください |
| 平成　　年　　月　　日　　　　　　　拒絶証書不要 |
| 住　所 |

(目　的)

被裏書人　　　　　　　　　　　　　　　　　　　殿

| 表記金額を受取りました |
| 平成　　年　　月　　日 |
| 住　所 |

てはまる（第4章第2節を参照）。ここでは、小切手と異なる点に焦点を当てて説明していきたい。なお、通常の約束手形の振出しについては、以下の手形法上のルールのほか、約束手形用法（**資料6**）に規定されたとおりに記載を行うことが、実務上は必須であることに注意しなければならない。

　約束手形の成立に必要な手形要件は、手形文句、単純な支払約束、一定額の金銭、手形当事者（振出人・受取人）、満期、振出日、振出地、支払地である（手形法75条）。小切手の場合と同様に、銀行実務上は統一手形用紙の利用が事実上必須であるし（**資料4**の当座勘定規定8条1項）、そのような慣習の存在を前提として、統一手形用紙を利用しない約束手形の有効性には疑義が差し挟まれることもある（東京地判平成15・10・17判時1840号142頁、東京地判平成15・11・17判時1839号83頁）。

　小切手と異なる手形要件はまず、手形当事者の記載として振出人と受取人の記載が要求される点である。小切手のように持参人払式の約束手形は認められていない。明確な理由はないが、裏書による譲渡を要求することで、盗難・紛失時の振出人の保護を図ったものとでもいうべきだろうか（裏書をすることによって保証人的な立場に立つことに注意）。もっとも、署名（記名捺印）が要求されるのは振出人の記載だけで、受取人の署名（記名捺印）は不要である。また、受取人欄が空白であると手形要件を充足せずに無効な約束手形となるが、実務上は、支払銀行は支払ってしまう（当座勘定規定17条1項・2項）。

　次に、満期の記載については、一覧払・確定日払・日付後定期払・一覧後定期払の四通りの記載が認められている。記載のない場合は、一覧払の約束手形とみなされる（手形法76条2項）。もっとも、満期を補充する補充権が与えられた満期白地の確定日払手形の可能性もあり、当事者の意思は、むしろその方が通常である（白地手形については、**第6章第3節5(2)**を参照）。しかし、11月31日といった記載や平年

の2月29日といった満期の記載がなされていた場合には、それぞれ11月30日・2月28日といった「合理的解釈」がなされる（最判昭和44・3・4民集23巻3号586頁）。しかし、振出日より前の満期日が記載されていた場合、矛盾した記載として無効となり、手形要件を欠く手形として手形も無効になる（最判平成9・2・27民集51巻2号686頁）。このような解釈は、手形外の事情を考慮しているわけではなく、客観解釈の原則（第4章第2節2参照）には反しないと考えられている。

　振出日は、日付後定期払・一覧払・一覧後定期払の約束手形では、当然に手形要件になる。これに対し、確定日払手形においては、無意味な要件のようにも思われるが、手形法が要求している以上、これも手形要件と解さざるを得ない（最判昭和41・10・13民集20巻8号1632頁、約束手形用法3条）。もっとも、実務上は、手形サイトの長さを隠す（振出日から満期までの期間が長いと、資金繰りに窮した手形債務者だと疑われる）ために、しばしば振出日を記載しないままで手形が振り出されている。この場合、取立委任を受けた銀行は白地の振出日を補充してくれないが（当座勘定規定1条2項）、手形交換に回ってきた手形について支払場所たる銀行は、支払いを行ってしまうのが通常である（当座勘定規定17条1項・2項）。

　この他、振出地・支払地・支払場所も手形要件となっているが、いずれも呈示場所の探索の手がかりにすぎず、重要な役割を果たす手形要件ではない。

第3節　流通

　小切手は、自由に譲渡が可能という建前になっており（小切手法14条1項）、持参人払式として小切手の譲渡だけで譲渡ができる小切手が一般的に利用されている。しかし、現実には所持人から仕向銀行へ

の取立委任の場合以外に小切手が譲渡されることはほとんどない。小切手は一覧払（小切手法28条1項）であるからただちに請求した方が有利であるし、支払資金の引落しや支払委託の取消しのリスクがあるから、譲渡しようにも、譲受人が見ず知らずの振出人に由来するそのようなリスクを引き受けたがらないからである。

　これに対し、約束手形の場合には、取立委任以外の場合にも、たとえば、買主から手形の振出しを受けた売主が、満期前に手形を金融機関に譲渡することがしばしばある。これは、満期までの信用供与による利息収入が得られるほか、民法上の債権譲渡より低コストの譲渡手続である裏書が用意されていることによる。裏書譲渡によって、簡便な手続で譲渡人から譲受人に対して手形上の権利を移転できる上（権利移転的効力。手形法77条1項1号・14条1項）、権利の移転について法律上の推定が働くことによって民法上の指名債権譲渡よりも低コストでの権利移転の立証が可能になる（権利推定的効力・資格授与的効力。手形法77条1項1号・16条1項）。さらには、裏書譲渡をした者は、遡求を通じた担保責任を負うから（担保的効力。手形法77条1項1号・15条1項）、譲受人は振出人の信用リスクを調査せずに、譲受人の信用力をあてにして手形上の権利を譲り受けることができる。このため、譲受人たる金融機関にメリットが発生する一方で、売主にも、満期前に売掛金債権を現金化して運転資金に当てられるというメリットが発生するからである。これは、約束手形が、小切手やその他の支払手段のように、単なる支払機能を果たすだけでなく、それと同時に信用機能をも有していることによる、特有の状況だといえよう。

1　譲渡の手続

(1)　裏書

　手形法は、約束手形上の権利の移転にかかるコストが、一般債権に

比べて低下するような仕組みを準備している。通常の指名債権であれば、民法467条2項に定められた確定日付ある通知承諾がなければ対第三者対抗要件を具備することはできず、譲渡に大きなコストがかかる。これに対し、約束手形は指図証券であり、裏書をするだけで譲渡が可能である（手形法77条1項1号・11条1項）。約束手形（統一手形用紙）の表面には、「上記金額をあなたまたはあなたの指図人へこの約束手形と引き替えにお支払いいたします」と記載されており、受取人は、裏面の裏書欄に被裏書人の名称を記載し、自ら署名（記名捺印）すれば債権譲渡ができる。

　抽象的な存在である通常の債権においては権利の所在を確定するために何らかの外部的徴表が必要だが、手形や小切手などの有価証券においては、証券という紙に記録すれば二重譲渡の危険がないため、権利移転にかかるコストを削減できるのである。このような裏書による権利移転には、権利移転的効力のほか、担保的効力・権利推定的効力といった効力が発生し、債権譲渡に伴うコストの低減に寄与している。

　裏書は、証券の裏面に行われることが多いが、証券上のどこにしても構わない（手形法77条1項1号・13条）。被裏書人の名称（たとえば「Ｂ株式会社」の記載で足り、「代表取締役Ｙ」のような代理人の記載は不要）を記載する記名式裏書のほかにも、被裏書人の名称を記載しない白地式裏書、証券の持参人に対して支払うことを求める持参人払式裏書も可能である。条件を付さない単純なものであることが必要だが（手形法77条1項1号・12条1項）、条件が付されていたからといって裏書が無効になるわけではなく、条件部分が無効となるにすぎない。これに対して、手形金額の一部だけを譲渡する一部裏書は無効である（手形法77条1項1号・12条2項）。1枚しか存在しない証券を複数の所持人に同時に占有させるわけにはいかないからである（逆に、電子記録債権（**第7章第5節4**）であればそれは可能である）。

(2) 裏書の連続

　裏書は1回だけなされるのが大部分だが、異常なケースにおいては複数の裏書がなされ、約束手形が複数の者の間を転々流通することがある。約束手形が裏書によって再譲渡されていく際には、裏書の連続を具備することが重要である。裏書の連続とは、「直前の被裏書人（第一裏書については受取人）と裏書人が同一」という状態が最後まで続いていること、と定義される。振出人A→受取人B、受取人B→被裏書人C、裏書人C→被裏書人D、というように、AからDまで連続していればよい。これにより、BからCを経由してDまで権利移転が行われたという蓋然性が高くなるのである。

　このようにして、裏書の連続している手形の最終所持人は、権利者である蓋然性が高いため、権利者であるとの推定が働く（手形法77条1項1号・16条1項。同条の「看做ス」の文言は、一般的な法令用語とは異なるが、反対の証明を許す趣旨である）。通常の債権の承継取得の原則に従えば、DがAに対して手形金を請求するためにはBからDに至るまでの権利移転の過程のすべてを主張立証する必要がある。しかし、裏書の連続と最終被裏書人が所持人であるという二つの要件事実さえ主張立証すれば、法律上の推定が発生するのである（最判昭和45・6・24民集24巻6号712頁・商判Ⅶ-23事件）。これは、資格授与的効力とも呼ばれる。

　この規定によって推定されるのは、手形上の権利の所在であり、単なる事実状態ではない（いわゆる権利推定）。したがって、推定を覆すには、所持人の権利取得を基礎づけ得るすべての事実の不存在、すなわち、手形上の権利の移転がどの段階かで断絶し、かつ、それ以後の手形取得者のすべてについて善意取得（手形法77条1項1号・16条2項。**第6章第3節2**）が成立していないことの主張立証が必要となる（最判昭和41・6・21民集20巻5号1084頁を参照）。この推定を覆す負担は重く、逆に、手形所持人からすれば、手形要件の具備と裏書の連続

という、証券上からわかる事項だけ調査すれば安心して手形を取得できることになる。このように、権利推定的効力は、手形取得者の調査コストを低減させるための政策的な規定だということになる。

このような政策目的を実現するために、裏書の連続の有無は、証券上の記載の外形から客観的に判断され（ただし、多少の誤記、脱字や文字の相違については、社会通念に従って判断することが認められている）、権利移転の実質については立ち入らないことにして、調査コストの抑制が図られている。実質的に無効な裏書（たとえば、無権限でなされた裏書や、「ドラえもん」といった実在しない者の裏書）が介在していても、裏書の連続は切れないし（最判昭和30・9・23民集9巻10号1403頁）、変造があっても変造後の文言で裏書の連続は判断される（最判昭和49・12・24民集28巻10号2140頁）。

奇異に感じられるかもしれないが、裏書の連続がもたらすのは権利推定なので、振出人としては、権利移転がないことの立証に成功すれば、手形所持人からの請求を拒めることになる。たとえば、「ドラえもん」という裏書があった場合、その部分は当然に権利移転がないから、それ以後に善意取得者（**第6章第3節2**）が現れていないことさえ立証すればよい。そして、「ドラえもん」という裏書が虚偽の裏書であることは容易にわかるから、それ以後の手形取得者が善意無重過失であることもほとんど考えられず、容易に立証は成功する。

逆に、実質的に有効な権利移転がなされていても、「B」という記載と「B相続人C」という記載の間には、裏書の連続はない。したがって、このような約束手形を取得する場合には、注意しなければならない。

話が複雑になるのは、代表者による行為を必要とする法人が介在した場合の裏書の連続の判断である。「B会社」と「B会社代表取締役C」との間であれば、問題なく裏書は連続している。「B会社代表取締役C」と「C」の間についても、連続ありとされる（最判昭和30・

9・30民集9巻10号1513頁・商判Ⅶ−22事件）。「Ｂ会社」と「Ｂ会社Ｃ」との間については、はっきりしないが、手形所持人にとって有利な解釈（第4章第2節2参照）によるのであれば、後者を「Ｂ会社代表取締役Ｃ」の意味に解して、連続ありとするのであろう。逆に、「Ｃ」と「Ｂ会社代表取締役Ｃ」との間については、連続なしとされる可能性が高い。

　以上とは逆に、裏書の連続がない場合には、手形法77条1項1号・16条1項の要件事実を具備しないわけだから、権利推定は働かない。この場合には、裏書が不連続になっている部分についてだけ、実質的な権利移転のあったことを主張立証すれば権利推定が復活するとする学説（架橋説）が有力である。しかし、そのような解釈は、手形法16条1項の文言（要件事実）に反するし、多数回裏書譲渡されている約束手形には紛失・盗難などによる事故手形が多いことを考えると、約束手形の取引実態にも適合しないように思われる。なお、判例は、裏書が連続している部分までは権利推定が働くとのみ判示しており（最判昭和31・2・7民集10巻2号27頁）、架橋説を採用しているのかどうかは明らかではない。

(3) 白地式裏書・裏書の抹消

　白地式裏書とは、裏書人の署名のみがあり、被裏書人名が記載されていない裏書である（手形法77条1項1号・13条2項）。このような裏書のある約束手形の所持人が手形を譲渡するための方法は、三通りある。白地になっている被裏書人欄に自己または他人の名称を補充すること（補充された名義人が次の裏書をすることになる）、白地はそのままにして自らが裏書人となり新たな裏書を行うこと、そのままの状態で第三者に手形を交付することである（手形法77条1項1号・14条2項）。

　この白地式裏書をめぐっては、特殊なルールがある。白地式裏書における被裏書人の記載はワイルドカードであり、次の裏書人が誰で

あっても裏書の連続が認められる（手形法77条1項1号・16条1項第4文）。このことを利用して、最終被裏書人と所持人とが同一でない場合、最終被裏書人欄を抹消して白地式裏書にしてしまうと、裏書の連続が回復される（最判昭和61・7・18民集40巻5号977頁・商判Ⅶ-24事件）。

同様に、裏書の連続がない「A→B；C→D；B→D」という手形であっても、中間の「C→D」の部分を抹消すれば、「A→B；B→D」となり、裏書の連続は回復される（手形法77条1項1号・16条1項第3文）。これを裏書の抹消という。

これらの行為により、手形法77条1項1号・16条1項の権利推定的効力が発生するが、振出人は、所持人の実質的無権利を主張立証すれば免責されることになる。

2 善意取得（無権限）

手形や小切手の譲渡に関しては、譲渡に際して譲受人に発生する調査コストを削減するために、物権の即時取得に関する民法192条のアイデアを債権についても採用した、善意取得（手形法77条1項1号・16条2項）というルールが設けられている。善意取得がカバーするのは、偽造・紛失・窃盗などによって手形という証券を占有していながら手形上の債権を取得していない無権利者が介在しているリスクであり、そのようなリスクについて手形取得者がいちいち調査しなくとも手形を取得できるようにしたのが、善意取得である。

このような無権利者が発生するリスクをより適切にコントロールできるのは、手形取得者よりも被害者であることが一般的であろう。そこで、それら被害者にリスクを負担させたのが善意取得制度である。キャッシュカードやクレジットカードのカード保有者に比べると、約束手形振出人の責任が加重されているように見えるが、それは、約束

手形が建前としてオープン・ループ型を採用しているため、手形の不法な取得の介在する余地が大きいことによっているのであろう。

　善意取得が認められるためには、手形法16条2項にあるように、①裏書の連続、②前主の無権利、③裏書譲渡による手形の取得、④善意無重過失の四つの要件を充足することが必要である。これらのうち、④善意無重過失については、(a)無権利者の存在を疑わせるような事情の存否、および、それが存在した場合に、(b)振出人や支払銀行に照会を行ったか否かが、判断の際の考慮要素となる（最判昭和52・6・20判時873号97頁）。大多数の約束手形は複数回譲渡されることはなく、転々流通される手形の大部分が事故手形であり、かつ、そのような手形の取得者が、加害者（盗取者・偽造者など）と通じていることが多いという実態に鑑み、近時の裁判例は、手形法16条2項を現実の事案に当てはめる際に、これらの要素を厳格に判断する傾向がある（たとえば、東京地判平成11・6・30判タ1015号238頁、東京高判平成12・8・17金判1109号51頁など）。

　たとえば、今までに取引のなかった者が手形の割引を持ち込んできたり、普通は一般に手形が出回らない大企業の手形であったり、裏書で転々流通している手形であったりする場合には、事故手形であることを疑わせる事情があるとして、所持人による照会義務が問われることになる。事故手形なら、通常、喪失した者が支払銀行に対して事故届を出しているからである。

　善意取得の適用についてもう一つ問題になるのは、前者が無権利である場合だけでなく、前者からの取得行為自体に、意思表示の瑕疵などがある場合についても、善意取得規定が適用されるのかである。この場合について判例は、無権代理人による裏書の場合であっても善意取得の適用の余地はあるとした（最判昭和35・1・12民集14巻1号1頁・商判Ⅶ-13事件。ただし、この事件の事案自体は、福岡のA会社と無関係の名古屋のBが「A会社名古屋出張所取締役所長B」として受取人か

つ裏書人として行為したものであり、手形行為を行ったのはA（その無権代理人としてのB）ではなく、B自身（「A会社名古屋出張所取締役所長」はB自身の肩書きの表示と見る）ではなかったのか、という読み方も強く主張されている）。

　このように取得行為に瑕疵がある場合に善意取得を認めることは、民法規定に比べれば善意取得の方が手形所持人の信頼の程度が弱くとも保護されているから、意思表示の瑕疵や表見代理の規定を善意取得によって拡張する結果になる。しかし、手形上の保護を拡張しても、手形はあくまで支払手段にすぎない以上、最終的には原因関係上の不当利得請求を受けることになるから、このような処理にどれだけの意味があるのかには、疑念が残る。

3　抗弁

(1)　原因関係上の抗弁

　売買契約などの原因関係の支払手段として約束手形が振り出されている場合、債務不履行などにより売買契約が解除され、原因関係が消滅しても、手形上の権利に影響しないと説明されてきた。このことを手形訴訟の局面に即して言えば、「手形上の権利は手形になした記載のみによって成立し、原因関係には依存しないから」、手形所持人は、原因関係の主張立証をせずとも振出人に対して手形金を請求し得ることになっている。もっとも、手形はあくまで支払手段にすぎないから、振出人が、当事者間における原因関係上の抗弁を主張立証すれば、支払いを拒み得る。すなわち、立証責任が転換されていることになる。

　従来、このように「手形上の権利は手形になした記載のみによって成立し、原因関係には依存しない」ことをもって、手形の無因性と呼ばれてきた（無因性の他の意味については、**第4章第1節3を参照**）。解

除・取消し・無効などによって原因関係が消滅したり、原因関係上同時履行の抗弁権（民法533条）が存在していたりしても、手形上の権利はそれによる影響を受けないとされる。しかし、このような手形の無因性は、他の支払手段における無因性（**第1章第2節(5)を参照**）とは、大きく異なる。

　他の支払手段における無因性では、決済機関の関与する局面においては、たとえ直接の当事者間の関係においても無因性が貫かれており、原因関係上の瑕疵等は支払いに関する債権債務関係の効力には影響を及ぼさず、原因関係上の不当利得返還請求等によって処理すべきものとされていた。これに対し、手形では、直接の当事者間の関係において、原因関係上の抗弁の主張立証がなされれば、手形債務の支払いを拒むことができる。この意味では、手形は「有因」であるとさえいうことができるかもしれない（とはいえ、民法上の原因関係しか存在しない場合と異なり、立証責任が転換されているという限度において、手形関係はやや無因寄りである）。

　このような違いが発生するのは、手形をめぐる当事者が、決済機関としてよりも決済の当事者としての側面（**第1章第2節(5)を参照**）を多分に有していることによる。すなわち、他の支払手段においては、決済の当事者と決済機関とが完全に分離されており、定型的な資金の移動を担当する決済機関と、その支払手段を利用して原因関係上の債権債務関係の決済を行おうとする決済の当事者とは、まったく別の主体である。ところが、手形においては、元来は決済の当事者にすぎなかった支払手段の利用者が、同時に決済機関としての役割をも果たす形になっている。このため、手形は、他の支払手段のような無因性を貫徹することができなくなっているのである。

　そうだとすると、手形という支払手段上の債権債務関係と原因関係とは、「無因か有因か」という形で一般的に論じるのはあまり意味のあることではない。どのような場面において、どのような機能を実現

するために、無因的あるいは有因的に処理されるべきなのかを個別的に考えることの方が重要である。そしてその際には、決済の当事者としての側面と決済機関としての側面とのいずれがより重要なのかを考えるべきことになる。たとえば、直接の当事者の場合や、（争いはあるが）後に見る後者の抗弁の場合には、決済機関としての側面よりも決済の当事者としての側面を重視すべきであり、原因関係が手形関係に影響を及ぼすことを認めるべきことになる。

(2) 抗弁の切断と悪意の抗弁

　約束手形が第三者に譲渡された場合には、このような原因関係上の抗弁を第三者に対抗できるのかという問題がある。この点について手形法は、指名債権譲渡の場合に比べて手形取得者を保護する制度として、原因関係上の人的抗弁を切断するルールを設けている（手形法77条1項1号・17条）。民法上の指名債権譲渡においては、債務者の異議なき承諾がない限り、抗弁は付着し、譲受人は抗弁の対抗を受けるが（民法468条）、手形法においては、原則と例外が逆転しており、原則として原因関係上の抗弁は切断され、承継されない。

　たとえば、AがBを受取人として約束手形を振り出したが、Aが原因関係たるAB間の売買契約を債務不履行解除したとする。この場合、AがBに対して原因関係の消滅という抗弁を主張して、Bからの手形金支払請求を拒むことは当然に可能である。しかし、Bがこの手形をCに裏書譲渡していた場合には、Aはこの抗弁をCに対して主張することはできないのが原則であり（手形法17条本文）、抗弁をCに対抗できるのは、Cが「悪意」の場合だけとなる（同条但書）。このため、同条は、「悪意の抗弁」とも呼ばれる。

　では、なぜ、指名債権譲渡と異なり、手形の裏書譲渡においては抗弁の切断が原則とされているのだろうか。仮に抗弁が切断されずに承継されるとしてみよう。すると、Cは、手形を取得する前に、Aから

抗弁の対抗を受けないかどうか、ＡＢ間の原因関係について調査する必要が発生し、手形の譲渡にかかるコストが増加する。これに対し、抗弁が切断されるのであれば、Ｃは、そのような調査コストを節約でき、手形の証券面だけ調査すればよいことになる。もちろん、Ａとしては、原因関係上の抗弁をＣに対抗できなければ、いったんＣに手形金を支払った上でＢに対して不当利得返還請求を行うことになるが、その手間によって発生する追加的コストよりも、約束手形を使うことによってＢから与信を受けられる便益が大きければ、このようなアレンジメントに同意することが合理的である。実際、ＡＢ間の原因関係におけるＢの債務不履行・詐欺等のリスクについて、ＣよりもＡの方がより適切にコントロールできる地位にあることが通常であるから、このようなリスク分配は、すべての当事者にとって望ましいのが通常である（ただし、Ａが消費者、Ｂが事業者、Ｃが金融機関という場合には、ＡよりもＣの方がＢの事業をモニタリングするのに適切な立場にいることがあり得るから、いわゆる「抗弁の接続」が主張されることがある。**第８章第２節**参照）。

　もっとも、ＡＢ間に原因関係上の抗弁が存在していることを知りつつ手形を取得したＣを保護してしまうと、ＢがそのようなＣに対して手形を裏書譲渡することで抗弁を切断させ、Ａに二度手間をかけさせることでＡから譲歩を引き出そうとするインセンティヴを持つから、社会的に無駄なコスト（死重損失）を発生させるおそれがあり、望ましくない。そこで、Ｃが、Ａを「害することを知りて」手形を取得した場合には、例外的に抗弁が切断されない。

　この悪意の基準は、「河本フォーミュラ」と呼ばれ、「満期において、債務者が、所持人の直接の前者に対して抗弁を主張して支払いを拒むことが確実である」との認識を持って取得した場合を言うとされる。当該事実関係を前提に、一般的取引観念を備えた通常人であれば、手形債務者が満期において前者に対して確実に抗弁を主張するだ

●図表6－5　悪意の抗弁●

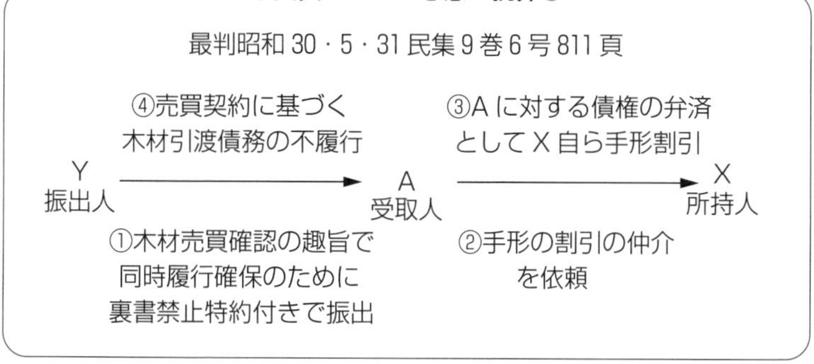

最判昭和30・5・31民集9巻6号811頁

```
         ④売買契約に基づく         ③Aに対する債権の弁済
         木材引渡債務の不履行       としてX自ら手形割引
  Y ──────────────→ A ──────────────→ X
  振出人                            受取人                            所持人
  ①木材売買確認の趣旨で           ②手形の割引の仲介
   同時履行確保のために             を依頼
   裏書禁止特約付きで振出
```

ろうと予測できるか否か、がメルクマールになっており、通常の善意・悪意と異なり、前者の抗弁自体ではなく、その主張可能性についての認識が問われていることに注意が必要である。そして、その判断は、個別の事案に即して、状況によっては間接事実からの推認によって、なされることになる。

　具体的には、発生済みであることを知っている抗弁は承継され（たとえば大判昭和19・6・23民集23巻378頁・商判Ⅶ－16事件）、未だ発生していないが将来の発生が確実だと認識している場合には例外的に抗弁が承継される（たとえば最判昭和30・5・31民集9巻6号811頁。図表6－5参照）。なお、いったん抗弁が切断されれば、その後に悪意の手形所持人が出現しても、抗弁は復活しない（最判昭和37・5・1民集16巻5号1013頁）。「絶対的構成」と呼ばれるルールである。しかし、前述したように、複数回譲渡される約束手形は事故手形であることが多く、また、手形法17条による抗弁の切断や16条2項による善意取得の効果を狙って転々流通される約束手形が多いことに鑑みると、そこまでしてオープン・ループのループを長くするインセンティブを与える形で法ルールを構築すべきという価値判断には問題があろう。

　もっとも、以上のように約束手形において抗弁論が発達している状況は、これまでに説明してきた他の支払手段に比べると奇異な印象を

受けるであろう。他の支払手段においては、抗弁論は発達することはなく、一定の手続が完了すれば支払いは完了し、もはや当該支払いの是非を争う余地はなくなっていた（ファイナリティの付与）。これに対し、手形においては、抗弁という形でいつまでも決済の効力を争う余地が残存し、ファイナリティは付与されない。これは、他の支払手段とは異なり、約束手形が信用機能をも果たしており、かつ、オープン・ループ型の支払手段であるという古風な支払手段であることによっている。支払機能だけを有しているのであれば、できるだけ早期にファイナリティを付与することが望ましいはずだが、信用機能を有しているから、満期が到来するまでファイナリティを付与することができない。また、オープン・ループ型であるため、決済の当事者としての地位と決済機関としての地位とが、同一人において混在してしまっているのである。

(3) 融通手形の抗弁

以上のような原則に対し、三つの例外がある。第一に、融通手形の場合には、悪意が特殊な形で認定される。融通手形とは、売買契約などの原因関係なしに、第三者から手形を担保に融資を引き出す目的で名目的に振り出された手形である。

たとえば、資金を必要としているBが、無資力のAと通謀して、A

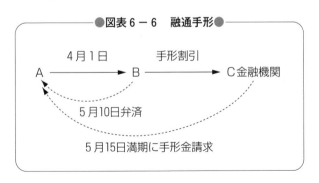

●図表6−6　融通手形●

を振出人・Bを受取人とする約束手形を振り出してもらい、Bがこれを第三者C（金融機関）に持ち込んで割り引いてもらうことによって、Cから与信を受けるのである（図表6－6）。Bは、これによって得られた資金を元手に事業を展開し、満期までに返済資金を調達してAに交付し、AはそれによってCからの手形金請求に応じることになる。AB間には売買取引のような原因関係が存在せず、ABともに無資力であるから、このような融通手形は不渡りになる危険性が非常に高く、Cのような金融機関は融通手形を割り引かないように注意するのが通常であるが、手形の証券面の記載からだけでは見分けるのが難しい。

　なお、このような融通手形をABが相互に振り出し合い、BはA振出しの手形をCに、AはB振出しの手形をDに持ち込むことによってそれぞれ与信を受ける、交換手形といわれる取引もあるが（図表6－7）、こちらも不渡りになる蓋然性の高い危険な取引である。

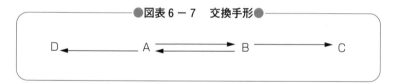
●図表6－7　交換手形●

　このような融通手形においては、AB間に原因関係はないから、AはBからの手形金請求を当然に抗弁をもって拒める。しかし、だからといって、Cが融通手形であることについて悪意の場合には、当然にこの抗弁が承継されるとするのでは、Cは安心して手形割引を行えなくなってしまう。それでは、Cから手形割引を受けたいと考えているAやBにとってもかえって損失である。そこで、前に説明した河本フォーミュラを修正する必要が出てくる。具体的には、原則として抗弁を承継させることはできず、「手形振出人になんら手形上の責任を負わせない等当事者間の特段の合意があり所持人がかかる合意の存在

を知って手形を取得した」ような例外的な場合にのみ、抗弁の承継が認められるとされている（最判昭和34・7・14民集13巻7号978頁・商判Ⅶ－14事件）。

　融通手形をめぐるこのような利益状況は、クレジットカードの名義貸し（**第8章第3節**）と比較できる。融通手形の振出人は、カード名義の貸主であり、カード名義の借主に該当する融通手形の受取人が、満期までに利用代金を準備してくれると期待して名義を貸したところ、期待が裏切られたようなケースである。クレジットカードの名義貸しにおいては、このような場合には貸主は当然に支払義務を負うことに鑑みれば、融通手形の振出人が、融通手形であるとの抗弁を所持人に対抗できるという結論が不適切であることがわかるだろう。融通手形であるとの抗弁を対抗できるのは、所持人が融通手形取引の一環を形成していたようなごく例外的な場合だけだということになるのである。クレジットカードの場合に比べて例外の場合が拡大しているのは、クレジットカードにおいては、信販会社における大量少額決済が必要なために画一的な処理の要請が高まるのに対し、融通手形の場合は、少数高額の取引であるし、金融機関以外の一般人が所持人として立ち現れる可能性が（制度上）存在しているため、個別事例に応じた処理を要求することのコストが相対的に低く抑えられることが原因であると考えられる。

　交換手形の場合も同様であり、たとえばＡ振出しの手形が不渡りになった場合、Ａは、Ｂ振出しの手形についてＢに遡求することはできないし、Ｄは、Ａが不渡りを出すであろうこと（ＡＢ間融通契約の債務不履行）を知って手形を取得したような場合にのみ、例外的にＡＢ間の抗弁の対抗を受けるとされている（最判昭和42・4・27民集21巻3号728頁）。なお、交換手形の場合には、たとえばＡ振出しの融通手形についてＡがＣに対して支払いを行ったが、Ｂ振出しの手形については未だＢによる支払いがなされていない場合には、ＡからＢに対する

手形金請求（遡求）がなされても、Bは、AB間原因関係不存在の抗弁をもってこの請求を拒めないことに注意しなければならない。

(4) 戻裏書

　第二に、戻裏書の場合についても、悪意の抗弁の修正がなされる。戻裏書（手形法77条1項1号・11条3項）とは、一度手形債務者となった者（振出人・裏書人）を被裏書人としてなされる裏書であり、たとえば、Y振出しの約束手形が受取人AからB・Cと裏書譲渡された後、CからBに対して裏書された場合がこれに当たる（図表6－8）。混同によって債務が消滅することはない。

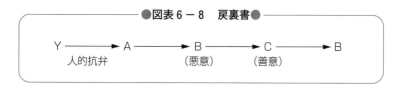

　問題は、YA間に人的抗弁が存在し、Bがこれについて悪意（手形法17条但書）であったが、Cが善意であった場合に、戻裏書を受けたBは、人的抗弁の切断の利益を受け得るのかである。前述した絶対的構成に従えば、いったん善意のCが介在した以上、Bは人的抗弁の対抗を受けないようにも思えるが、それを認めると、悪意のBは、善意のCを介在させることで簡単に手形法77条1項1号・17条但書を回避できてしまい、同条が空洞化されてしまう。そこで、悪意のBに戻裏書がなされた場合には、Bは、再度人的抗弁の対抗を受ける（最判昭和40・4・9民集19巻3号647頁・商判Ⅶ－15事件）。なお、このようにしてBがYから支払いを受けられない場合、Bは善意の前主たるCに遡求することは原則としてできない。可能なのは、Cによる裏書がYやAの手形債務についての保証の趣旨の場合のみとなる（最判昭和36・11・24判時302号28頁）。

(5) 後者の抗弁

最後に、タイプの違う利益衡量が必要となってくるのが、後者の抗弁と言われるケースである。これは、通常の悪意の抗弁とは異なり、手形債務者よりも後者のところで売買契約解除などの原因関係上の抗弁が発生した場合に、その手形債務者がこの抗弁を援用できるか、という問題である。たとえば、ＡがＢを受取人として振り出した約束手形がＣに裏書譲渡されたところ、ＢＣ間裏書譲渡の原因関係である売買契約が解除されたとしよう（図表6－9）。この場合、ＣがＢに対して手形金を請求してきたのであれば、Ｂは原因関係消滅の抗弁を主張して手形金の支払いを拒むことができることに問題はない。これに対し、ＣがＡに対して手形金を請求してきた場合には、判例は、Ｃは本来Ｂに手形を返還すべき地位にあるのにもかかわらず、そうせずにＡに手形金を請求するのは権利濫用であるとする（最判昭和43・12・25民集22巻13号3548頁・商判Ⅶ－17事件）。そして、ＢがＣに対して振り出した手形についてＡが手形保証をした事例についても、判例は、権利濫用であるとして同様の結論をとる（最判昭和45・3・31民集24巻3号182頁・商判Ⅶ－25事件）。なお、ＡＢ間のみならず、ＢＣ間にも原因関係上の抗弁が存在するケースは、講学上「二重無権の抗弁」と呼ばれる（図表6－10）。

このように、判例は、ＢＣ間の原因関係の消滅によってあたかもＣが手形金を請求する地位を失ったかのごとき結論をとっており、いわ

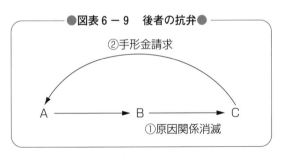

●図表6－9　後者の抗弁●

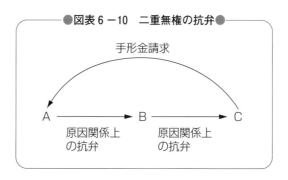

ば、原因関係の有無がCの手形権利者としての地位に影響するかのようにも見える。このことを正面から認める「権利移転行為有因論」が学説上主張されているが、これに対しては、原因関係の存否を手形上の権利関係に影響させるべきではないとの「無因論」も強く主張されている。両者の価値判断の違いは、約束手形における振出人（手形保証であれば保証人）を決済機関として位置づけるか、それとも決済の当事者として位置づけるかによっている。

銀行振込などにおいて繰り返し説明してきたように、決済機関は、原因関係について調査するコストをかけることなく、迅速に決済を行い、流動性を提供できるようになっていることが望ましい。有因論のように原因関係を手形関係に影響させることになると、原因関係を調査してから支払いを行わないと、弁済受領権限のない者に対して誤って支払いをしたとして、損害賠償責任を負担する危険すらある。

これに対し、振出人（手形保証の保証人）が決済機関ではなく、決済の当事者であると位置づけるならば、取引当事者としての保護を考える余地が出てくる。後者の抗弁のようなケースにおいて、通常AはCに対する支払いを拒むことはない。Aが支払いを拒みたいと考えるのは、AがBに対して人的抗弁を有しているが、これを善意のCに対しては対抗できないような場合である（**図表6−11**）。たとえば、AがBに対して反対債権を有しており、相殺の抗弁を出せるような状況を

第6章　約束手形

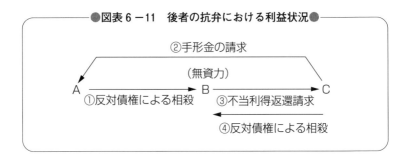

●図表6−11　後者の抗弁における利益状況●

考えてみよう。他方、ＢＣ間の原因関係が消滅すれば、ＣはＢに手形を返却するのが通常であるが、そうせずにＡに対して手形金を請求するのは、Ｂが無資力である場合に、Ａへの手形金請求によってＢがＣに対して取得する不当利得返還請求権を使ってＣがＢに対して有する反対債権を相殺によって回収したいからである。すると、この場合の問題は、Ｂの無資力のリスクをＡとＣとのいずれが負担することが望ましいかということになり、判例や有因論は、ＡよりもＣの方がＢの信用リスクを低コストでモニタリングできるという価値判断を採用していることになる。

(6)　手形保証

　手形保証とは、手形上それと明示して行う保証であり（手形法77条3項・30条）、主債務たる手形債務が裏書譲渡によって移転していくのに附随して保証債務も移転していく。もちろん、手形上ではなく、手形外で通常の民事保証（民法446条）をすることはできる。すなわち、保証人が、手形債権者との間で、手形債務について（連帯）保証契約を結ぶことができる。そして、この民事保証債務も、原則として主債務たる手形債務が裏書譲渡によって移転していくのに附随して移転していくものとされている（最判昭和45・4・21民集24巻4号283頁・商判Ⅶ−21事件）。このような民事保証と比べ、手形保証は、検索の抗

弁権・催告の抗弁権、分別の利益がなく、さらに合同責任の形をとっているので、手形債権者に有利である。

　手形保証は、①手形上または補箋上に、②「保証」の文字と、③保証人の署名を付し、④被保証人を指定することによって行われる（手形法31条）。保証の文字を付さずに、被裏書人が裏書人として再度裏書し、被裏書人に遡求義務を負わせることによって、実質的に被裏書人の保証を付する趣旨で裏書がなされることもあり、隠れた手形保証と呼ばれる。隠れた手形保証は、通常の裏書と同一の効力を持ち、裏書が保証の趣旨であるということは、当該保証合意の当事者間での人的抗弁にしかならない。

　手形保証を行った保証債務は、被保証債務と「同一の責任」（手形法77条3項・32条1項）であって被保証債務によってその内容が決定される（附従性）一方で、被保証債務から独立している（手形法77条3項・32条2項）。この二つの性格をどのように整合的に理解するかは、保証人が被保証人の有する人的抗弁を援用して手形金支払請求を拒めるかという問題にかかわってくる。たとえば、ＡＣ間売買契約に基づいて買主Ａが売主Ｃに約束手形を振り出し、ＢがＡの手形債務について手形保証を行っていたとしよう。ところが、ＡＣ間売買契約がＣの債務不履行によって解除されたにもかかわらず、ＣがＡに手形を返還せずにＢに対して手形上の保証債務の履行を求めてきた場合、Ｂはこの請求を拒めるだろうか。

　判例は、このような場合のＣの手形金請求は権利濫用であるとする（最判昭和45・3・31民集24巻3号182頁・商判Ⅶ-25事件）。後者の抗弁（Ｂ振出しの手形が受取人Ａから所持人Ｃに裏書譲渡され、ＡＣ間の原因関係が消滅した場合）と同様の問題状況だと把握しているのである。この場合についても、後者の抗弁について述べた場合と同じことが妥当し、Ｂを決済機関として見るか、それとも、決済の当事者として見るかによって、結論は異なってくる。

ただ、後者の抗弁の場合に比べると、手形保証の場合の方が、Ｂの決済機関的性格が強いこと（手形保証人には、原因関係上の紛争とは無関係に、手形所持人に迅速な決済を提供する機能が期待されていることが多いし、原因関係に関する情報も十分に持たないのが通常である）、Ｂの決済の当事者的性格を強く見たとしても、Ｃよりも保証人であるＢの方が、Ａに対するモニタリングを期待できること、および、当事者が民事保証ではなく手形保証をあえて選択していることを考えれば、判例とは逆の結論の方が望ましいかもしれない。

(7) 手形行為独立の原則

裏書に担保的効力があり、裏書人が遡求義務を負うことの結果として、振出人の責任と裏書人の責任の関係、あるいは複数の裏書人がある場合の裏書人の責任相互の関係が問題となり得る。このうち、振出時に手形要件が欠けているような場合（方式の瑕疵）には、そもそも有効な手形として成立していないので、裏書人の責任を論ずる余地はない。それ以外の場合については、手形行為独立の原則が適用される（手形法77条2項・7条）。

手形行為独立の原則とは、一つの手形になされた複数の手形行為（振出し・裏書・手形保証）のうち、その論理的に前提となる行為に瑕疵（制限行為能力・無権代理・偽造・仮設人の署名など）があったとしても、その前提行為が法定の方式さえ具備していれば、当該手形行為自体は、前提行為の無効の影響を受けず、独立してその効力を生ずる、というルールである（なお、手形法7条が裏書についても適用されることについては、最判昭和33・3・20民集12巻4号583頁を参照）。手形保証についての手形法32条2項は、主たる債務との関係で、この点を改めて規定したものである。

このルールの下では、裏書人や保証人より前に手形債務を負担した者の行為に、制限行為能力・無権代理・偽造などの瑕疵が発生するこ

とのリスクを、約束手形を取得した所持人が負担するのではなく、それらの裏書人や保証人が負担することになる。このようなリスク負担が合理的になるのは、それら裏書人や保証人の方が、手形の取得者よりも、前主のなした行為に瑕疵があるかどうかを調査し、もし瑕疵があるのであればそれをなくすようにコントロールするのに優れた立場にあるからである。

　民法上の保証債務の場合には、附従性があり、主債務が成立しなければ保証債務も成立しないことになっている。それよりも手形行為独立の原則の下での方が厳しい責任を負わされているのは、民法上の保証の場合には、主債務者と債権者とが主債務の成立に関する契約を締結するのと併行して、債権者と保証人の間で保証契約が締結されるから、債権者に主債務の成否に関する瑕疵の有無をチェックしコントロールする能力があるのに対し、約束手形の場合には、手形取得者が主債務の成否を判断する情報は、証券という紙の上に記載された情報しか存在せず、主債務の成否を直接チェック・コントロールできる立場にない。このため、主債務の成否に関するリスクが手形取得者から裏書人や保証人に移転されているのである。

　手形行為独立の原則がこのような理由から認められていることからすると、手形取得者が、前提行為の瑕疵について悪意である場合には、原則どおりに手形取得者にリスク負担を認めた方がよいようにも思えるかもしれない。しかし、判例は、手形取得者の主観を問わずに手形行為独立の原則を適用している（前掲最判昭和33・3・20）。これは、仮に手形取得者が悪意であったとしても、手形取得者は直接にそれら瑕疵のある行為を行った者と取引をしている関係にはない以上、瑕疵の発生を直接的にコントロールできる立場には依然としてないことによるのであろう（さらに、制限行為能力・無権代理・偽造などの瑕疵は、追認によって事後的に有効となる可能性が残されていることや、人的抗弁による処理の可能性が残されていることにもよっているのかもしれ

ない)。

4 特殊な裏書

以上が原則的な裏書譲渡による約束手形の流通であるが、ここではそれ以外の特殊な裏書について説明する。

(1) 取立委任裏書

取立委任裏書（手形法77条1項1号・18条1項）は、「回収・取立・代理のため」と記載してなされる裏書であり、手形所持人が、自己の取引先金融機関に対して、手形金取立てのための委任契約を締結し行う裏書である。満期前に取引先金融機関に手形を買い取ってもらい、その時点で対価の支払いを受ける手形割引（取引先金融機関から割引依頼人に対する貸付になる）と異なり、手形金の取立てが完了するまでは所持人の当座預金口座へ入金されるわけではない。取引先金融機関が所持人に信用を供与する取引ではなく、ただ単に取立事務を委任するためだけに形式的になされる譲渡行為である。

このため、取立委任裏書を受けた被裏書人たる金融機関は、名義上の権利者にすぎず、独立した経済的利益があるわけではないから、取立委任裏書によって人的抗弁の切断は生じないし（手形法77条1項1号・18条2項）、逆に、手形債務者が取立委任裏書の被裏書人に対して固有の抗弁を有していても主張することはできない。

なお、手形の実務においては、しばしば「回収・取立・代理のため」という記載なしに、しかし、実質的には手形金取立事務のみを委任する趣旨で、裏書がなされることがある。これは、手形の記載上は通常の裏書と同じであるため、隠れた取立委任裏書と呼ばれる。隠れた取立委任裏書であったとしても、通常の裏書の要件を満たしているため、これによって被裏書人に手形上の権利は移転する（最判昭和

31・2・7民集10巻2号27頁)。しかし、被裏書人に独立した経済的利益がないことは明示的な取立委任裏書と同じだから、手形債務者は、裏書人に対して主張できた人的抗弁を被裏書人に対しても主張でき、人的抗弁の切断はない（最判昭和54・4・6民集33巻3号329頁）。

(2) 質入裏書

質入裏書は、手形上の権利を移転するのではなく、手形上の権利に質権を設定するための裏書であり、「担保のため」等の記載をなすことによって行われる裏書である（手形法77条1項1号・19条）。質入裏書の被裏書人は、担保権を有しているので、振出人等の手形債務者に対して請求することができるし（手形法19条1項本文）、取立委任裏書の被裏書人と違って独立した経済的利益を有しているので、人的抗弁の切断の利益も受ける（手形法19条2項）。しかし、担保権しか有していないことから、裏書譲渡によって手形上の権利を第三者に移転することはできず、取立委任裏書しかすることはできない（手形法19条1項但書）。

なお、「担保のため」等の明示的な記載が手形上になされていないが、担保権のみを設定する趣旨でなされる裏書は、隠れた質入裏書と呼ばれる。隠れた取立委任裏書と同様、手形の記載上は通常の裏書譲渡であるから、手形上の権利は完全に被裏書人に移転しており、担保権のみを設定する趣旨であるとの合意は、裏書人・被裏書人間の原因関係上の人的抗弁を形成するにとどまる。

(3) 期限後裏書

未だ満期が到来していない約束手形は信用機能を強く有しているが、満期が到来すれば小切手などと同様、ただちに決済をなす段階に入る。決済プロセスに入る前は、満期到来までに約束手形を売却して手形債権を現金化する余地を確保しておく必要があるが、決済プロセ

スに入ってしまえば、第三者に対する手形の売却をする必要はなく、端的に手形債務者に対して手形金の請求を行うことで債権回収を図ればよい。そこで、満期が到来した約束手形については被裏書人を保護して裏書譲渡のコストを低下させる必要性はもはやなくなるとして、満期が到来して支払拒絶証書を作成した後、または、支払拒絶証書作成期間が経過した後（不渡附箋が付されただけでは期限後に当たらない。最判昭和55・12・18民集34巻7号942頁）の裏書は、期限後裏書と呼ばれ、通常の指名債権譲渡の効力しか持たない（手形法77条1項1号・20条1項但書）。もっとも、このような制度趣旨からすれば、満期が到来してしまえば指名債権譲渡の効力で足りるはずであり、手形法20条1項但書が拒絶証書作成期間経過後を基準にしていることの合理的な理由はなさそうである。

指名債権譲渡の効力しかないということは、人的抗弁の切断はなされないし（大判大正8・2・15民録25輯82頁）、善意取得の適用もないし（最判昭和38・8・23民集17巻6号851頁）、担保的効力もない。もっとも、手形債権の譲渡に民法467条の確定日付ある通知承諾が対抗要件として必要になるわけではなく、証券の引渡しで足りるとされている。二重譲渡がなされる危険がないからである。

(4) 裏書禁止裏書

「裏書禁止」「指図禁止」などの文言を記載してなされる裏書である裏書禁止裏書（手形法77条1項1号・15条2項）とは不思議な呼び名であるが、被裏書人が裏書できなくなるわけではない。たとえば、A振出しの約束手形の受取人BがCに対して裏書禁止裏書をした場合であっても、Cはさらに D に対してこの手形を裏書譲渡できる。裏書禁止裏書を使うことの実益は、Bは直接の被裏書人であるCに対してのみ担保責任を負い、D以降の被裏書人に対しては担保責任を負わないことにある（ただし、文言に反してD以降の被裏書人に対しても直接担保

責任を負うという解釈もあり、この考え方によった場合は、BがCに対して有していた人的抗弁をD以後の手形権利者に対しても対抗できることが実益になる)。したがって、裏書禁止裏書も、その他の権利移転的効力・権利推定的効力は備えていることになる。

(5) 無担保裏書

無担保裏書(手形法77条1項1号・15条1項)は、遡求義務を負わない以外は通常の裏書と変わるところはない。このため、権利移転的効力・権利推定的効力は備えているし、人的抗弁の切断や善意取得なども適用される。

(6) 裏書によらない譲渡

裏書譲渡には以上に述べたような効果が当然に発生するが、場合によっては裏書によらずに約束手形を譲渡したいというニーズがないとも限らない(裏書を行うと、証券上にその証拠が残る)。そのような場合には、通常の指名債権譲渡の方法で手形上の権利を譲渡することができる(最判昭和49・2・28民集28巻1号121頁)。この場合には、指名債権譲渡の効力しかないから、人的抗弁の切断はないし、善意取得もない。なお、譲渡の方法については、民法どおりであれば確定日付ある通知承諾が必要となりそうだが、二重譲渡の危険性をなくすためには証券の交付をもって対第三者対抗要件とした方が簡便であろう。

5 変造・白地手形

約束手形をめぐっては、支払内容に関するデータが、流通の途上で改変されるリスクも相対的に高い。電子マネーやクレジットカードなどの、電子ベースの支払手段で、かつ、ユニバーサルではなくネットワーク型システムを持っている支払手段については、債権が流通する

ことはないし、中途でのデータの改変リスクもほとんど存在しない。コンピュータネットワークの誤作動くらいである。これに対し、紙ベースの支払手段であり、かつ、ユニバーサルでオープン・ループ型のシステムを持っている約束手形においては、物理的な紙に記載された（場合によっては記載すらされていない）データが中途で改変されてしまうリスクが高い。そこでここでは、そのようなリスクを手形法がどのように配分し、どのようにしてリスクの発現を防止しようとしているのかを見ていく。

　データの改変の仕方には、二通りの類型がある。第一の類型は、約束手形の証券面上に記載されている情報を直接改変してしまうものであり、手形の変造と呼ばれる類型である。第二の類型は、約束手形の証券面に記載されておらず、証券上の記載の外で合意がされている場合に、その合意とは異なる内容を証券面上に書き込んでしまう結果、当初の予定とは異なる情報を作り出してしまうものであり、白地手形の不当補充と呼ばれる類型である。

(1) 変造

　手形の変造とは、手形の内容を無権限で変更してしまうことである。手形の変造がなされた場合については、変造前に署名した者は、変造前の文言に従った責任を負い、変造後に署名した者は、変造後の文言に従った責任を負う（手形法77条1項7号・69条）。

　変造前の手形に署名した者が、自分の手元を離れた手形について事後的にどのような変更がなされるかについてコントロールすることはできない。これに対し、変造された手形を取得した者の方が、証券面を注意深く観察すれば変更の有無を察知して前主や振出人に問い合わせることができるし、自己までの流通過程に疑問がある場合にも問合せをすることができるから、変造後の手形取得者の方が変造のリスクをコントロールするのにより適した立場にある。このため、変造前の

手形に署名した者は、変造前の文言に従った責任さえ負えば足りるのである。したがって、たとえば、振出日欄が白地のまま振り出された約束手形について、満期が変造された後に元の満期より後の振出日が補充された場合には、振出人は、変造前の文言に従い、満期が振出日より前の手形であるとして、責任を負わないことになる（最判平成9・2・27民集51巻2号686頁）。なお、原文言の主張立証責任は、手形所持人が負うことになる（最判昭和42・3・14民集21巻2号349頁）。

　他方、変造後の手形に署名した者が、変造前の文言についてまで責任を負うとなると、手形に署名しようとする者は、その手形に変造がなかったかどうかまで調査しないと安心して署名できないことになり、裏書譲渡にかかる調査コストが増大する。そこで、変造後の手形に署名する者は、手形面の記載だけチェックすれば足り、それ以外の背景事情について調査する必要はないとしているのである。

(2)　白地手形の不当補充

　手形要件の一部（振出人の署名は除く）が完全に記載されておらず、後日、手形取得者が白地部分を補充する権利が存在することで、将来完全な手形になることを予定しているものを、白地小切手（**第4章第2節3参照**）と同様に、白地手形という。

　このような白地手形が利用される動機には、さまざまなものがある。たとえば、振出日白地は、長期の手形サイトを隠すために使われる。振出日から満期日までの期間は、振出人への信用供与期間であるから、それが長期であること（たとえば7カ月（台風手形）とか10カ月（お産手形）とか）は、振出人が資金繰りに困っているとの印象を手形取得者に与えてしまうので、それを避けたいと考えるのである。受取人白地は、受取人が担保責任を負担することを回避するために使われる。受取人と金額が白地の手形は、振出人が金融ブローカーに対して融資のあっせんを依頼する場合に使われる。また、金額と満期日が白

地の手形は、債務保証の目的や、請負契約等における債務不履行時の担保の目的で、しばしば利用されている。

　白地手形は、完成手形と同様の譲渡が可能であり、したがって、裏書譲渡であれば人的抗弁の切断や善意取得が発生し得る。ただし、白地部分が補充されていないままでは、未完成の手形なので、手形金を請求することはできないし、遡求権を保全しておくこともできない。取立てを委任した金融機関は白地部分を補充してはくれないから（**資料4**の当座勘定規定1条2項）、あらかじめ自ら補充しておく方が安全である。もっとも、現在の手形交換実務においては、振出日と受取人については白地であっても支払銀行が支払いをなしてしまうので（当座勘定規定17条）、問題になることはあまりない。

　白地手形について最も問題なのは、振出人との間でなされた当初の合意と違う内容の補充がなされてしまった場合（「不当補充」）に、振出人らが負う責任の内容である。たとえば、振出人Aと受取人Bの間で手形金額を100万円と補充する旨の合意があったにもかかわらず、Bが1,000万円と補充した上でCに裏書譲渡してしまった場合、AはCに対してどのような責任を負うのだろうか。

　手形法10条によれば、補充合意違反についてCが善意無重過失である限り、対抗できない。不当補充をしそうにない信頼できるBを選んだり、不当補充がなされないようにBを監視したりすることは、白地手形として振り出したAにとっては比較的容易であるのに対し、手形上に何ら手がかりのない補充合意違反について手形取得者たるCが察知するのは非常に難しい。このため、補充合意違反のリスクは、振出人（および白地補充前の手形債務者）が基本的に負担することになっているのである。ただし、手形所持人が補充合意違反について悪意または重過失であれば例外となるが、それでも、振出人は完全に免責されるわけではなく、当初の合意の範囲内では依然として責任を負うことになる。

もっとも、手形法10条が規律しているのは補充後の取得者との関係であり、補充前の取得者についても本条が適用されるのかは、文言からは明らかではない。前述の具体例でいえば、Bが金額欄を補充しないままCに裏書譲渡し、Cが勝手に1,000万円と補充してしまった場合はどうだろうか。

　この場合についても、判例は本条が適用されるとしている（最判昭和36・11・24民集15巻10号2536頁・商判Ⅶ−20事件）。ただし、未補充のまま白地手形を取得した場合においては、補充合意の違反がなされるか否かについては、振出人よりも手形取得者の方がよりよくコントロールできるはずである。このため、白地部分が金額欄のように重大な事項である場合は、手形取得者が振出人に対し、補充合意の内容について問合せをしなければ重過失ありと認定される。したがって、一見、補充後の取得者の場合と同じ扱いがなされているように見えても、実質的には、補充後の取得者の場合からはリスク配分のあり方が変更されていることに注意しなければならない。もっとも、振出日・受取人・振出地など、重要性の低い事項については、問合せをせずに自由に補充しても、通常は重過失と扱われない。

第4節　支払い

1　支払呈示

　約束手形は、その交付自体によって支払いが完了するわけではないから、別途決済が行われなければならない。ところが他方で、手形は、証券の交付によって権利が移転するオープン・ループ型の仕組みであり、権利の所在を一元的に管理するシステムがない。そのため、

手形の決済は、手形所持人の側が支払いを求めるという形で行われることになる。言い換えれば、手形債権は、取立債権である（商法516条2項）。

具体的には、満期が到来すると、手形所持人は、手形を呈示して支払いを請求する。この行為を、「支払のための呈示」（支払呈示）という。支払呈示の相手方は、法律上の原則は振出人であるが、通常は、振出人と当座勘定契約を締結した取引銀行が支払担当者として指定されており、そのときは、支払呈示もこの銀行に対して行われる。

約束手形は、一般的には確定日払の方式で振り出されるので、支払呈示は、確定日によって表示された支払期日（満期日）またはこれに続く2取引日の合計3日間の支払呈示期間に行わなければならない（手形法77条1項3号・38条1項）。満期日が休日（手形法87条）であれば、休日明けの最初の取引が支払期日となり、そこから呈示期間が起算される（手形法77条1項9号・72条1項）。

支払呈示を行う場所は、原則的な場合は支払地にある振出人の営業所（営業所がないときは住所）であるが（商法516条2項、改正民法520条の8）、支払担当者が置かれている場合には、その営業所（銀行の支店）が支払場所として記載されており（手形法77条2項・4条）、そこが支払呈示の場所になる。ただし、支払呈示期間を経過した後は、支払場所に呈示するのではなく、債務者の営業所（または住所）に呈示しなければ、支払呈示としての効果は発生しない（最判昭和42・11・8民集21巻9号2300頁・商判Ⅶ-26事件）。小切手の場合と異なり（小切手法32条）、明示的な意思表示がなくとも、支払呈示期間後は支払委託が撤回されたものと扱われることになる（**資料4**の当座勘定規定7条1項参照）。

現実には、手形所持人が自ら満期に支払呈示を行うのではなく、所持人の取引銀行に対して、手形の取立てを依頼することが一般的である。これを法的に見れば、手形代金を受領する代理権の付与である

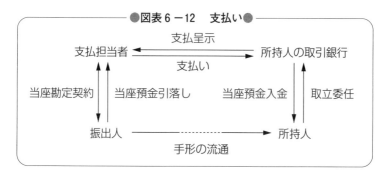

が、形式的には、取立委任裏書または隠れた取立委任裏書によって、銀行に手形所持人としての資格（権利の推定）を与える場合が多い。委任を受けた銀行は、ただちに取立てができる約束手形（為替手形、小切手も同じ）については、現金と同視して当座預金に受け入れ（当座勘定規定1条1項）、取り立てて当座預金の資金とする。それ以外のものは代金取立規定に基づいて預かるという取扱いになっている（図表6－12）。

2 支払い

約束手形に対して支払いがなされると、手形債権は消滅する。このとき、振出人（または支払担当者）は、手形所持人に対して、手形（統一手形用紙では裏面の所定欄）に「表記金額を受け取りました」などと記載した上で、それを返還するように求めることができる（手形法77条1項3号・39条1項）。このように、支払い（債務の履行）が証券の返還と引換えになされるという性質を「受戻証券性」と呼ぶ。手形が受戻証券とされている理由は、支払いによる手形債権の消滅は、第三者との関係では、人的抗弁となるにすぎないと解されているためである。オープン・ループ型のシステムの下では、支払いの事実を第三者が確認するコストが大きいので、振出人に対し、再度手形が流通し

た場合には二重に支払う義務を課した上で、手形を回収してそのような事態を防ぐ責任を負わせたものということができよう。

手形金額の一部のみを支払うことも債務の本旨に反する弁済とはならず、手形所持人は受領を拒絶できない（手形法77条1項3号・39条2項）。この場合には、手形の返還を受けるわけにはいかないので、振出人（または支払担当者）は、手形所持人に対して、一部の金額について支払いを受けた旨を手形に記載するとともに受取証書を交付するよう求めることができる（手形法77条1項3号・39条3項）。

支払いの相手方は、手形債権の権利者でなければならない。ところが、例外的に、支払呈示を行った手形所持人が手形上の権利者ではないという可能性がある。このような場合は、手形所持人に対して支払いをしても、真の権利者との関係では有効な弁済とはならず、手形債務は消滅しないはずであるが、手形法は、この原則に対する例外として、満期（支払呈示期間内）に手形の正当な所持人としての外観を有する者に対して支払ったときは有効な弁済として免責されるものとした（支払免責）。そのための要件は、支払いをする者に悪意または重過失がないことと、裏書の連続した手形に対する支払いであることである（手形法77条1項3号・40条3項）。後者の要件は裏書の権利推定効（資格授与的効力）に基づく効果であるから、裏書が一部不連続の場合について、いわゆる架橋説（**第6章第3節1(2)参照**）をとるのであれば、ここでも同様に解することになろう。また、前者の要件も、振出人（または支払担当者）が支払いを拒むためには、裏書の連続による権利推定を覆さなければならないのであるから、単純に主観的な知・不知ではなく、手形所持人が無権利であることを証明できたか否かを基準として判断される（最判昭和44・9・12判時572号69頁・商判Ⅶ－27事件）。

手形所持人が権利者ではない場合とは、真の権利者が手形を紛失・盗難等によって失った場合であるから、この規定は、紛失・盗難のリ

スクを分配するルールということができる。そのようなリスク分配の方法について一般的に考えると、①支払いを有効な弁済と認めて真の権利者にリスクを負担させる、②支払いを有効な弁済と認めず、手形債務者に二重弁済のリスクを負わせる、③支払いを有効な弁済と認めるが、真の権利者に対しては債務者の弁済に代わる損失填補の仕組みを用意して、決済システム全体としてリスクを負担する、という選択肢がある。手形法40条3項は、支払いをする者に対して、裏書の連続を確認する義務とその他一般的な注意義務（善意無重過失の要件）とを課し、それらが満たされる場合には権利者にリスクを負わせるという①のルールを採用したものである。権利者は、手形の管理によって紛失・盗難のリスクをコントロールできる立場にあり、また紛失・盗難の後も、振出人に通知して悪意にするといった行動をとり得るので、このようなルールにも合理性があると考えられよう。

なお、満期以前には、振出人が支払いを申し出ても、手形所持人はこれを拒むことができる（手形法77条1項3号・40条1項）。所持人には、満期までの間に手形を流通させる利益があるとして、債務者による期限の利益の放棄（民法136条参照）を排除したものである。所持人が同意すれば、もちろん有効な弁済になるが、その場合には、満期における弁済のような免責の規定はない（手形法77条1項3号・40条2項）。

3 手形交換

約束手形の取立て・支払いは、通常は、それぞれ手形所持人および振出人の取引銀行を通じて行われる。その作業を効率よく行うため、各地方ごとに手形交換所が設立され、手形交換という形で集団的に支払呈示を行った上で、各銀行間の支払額の差額のみを決済するということが行われている。平成29年9月25日現在、手形交換所は全国に

181箇所存在する。それぞれの手形交換所は、手形交換所規則を制定し、それに基づいて運営されている（なお、約束手形のみならず、為替手形・小切手の取立ても併せて行われるが、以下では約束手形を例として説明する）。

　手形交換に参加する金融機関は、満期が到来した約束手形に「交換印」を捺印して持参する。手形交換所に約束手形を持ち込むことは、手形法上の呈示として認められ（手形法77条1項3号・38条2項。なお、手形法83条参照）、交換印は支払いに対する受取りの記載（手形法77条1項3号・39条1項）となる。持ち寄られた約束手形は、支払担当者となっている銀行ごとに整理され、それぞれに配布される。その上で、各銀行ごとに持出額と持帰額が計算され（クリアリング）、その差額が「交換尻」として、日本銀行の本支店に各行が持つ当座預金を振り替えて決済される。法律的には、その時点で「手形交換が成立する」、すなわち決済のファイナリティが発生すると考えられている。

　各行が持ち帰った約束手形を点検したところ、振出人の預金残高が不足していたというときには、その手形は不渡りとなる。不渡手形は、不渡事由を付箋に記載した上で、翌日の手形交換に持参して持出銀行に返却し、返却を受けた銀行はその手形金を交換尻に組み入れて返済する。他方、別途支払済みその他のやむを得ない事由がある場合には、不渡りとして扱わず、持出銀行の依頼による依頼返却という手続がとられる（東京手形交換所規則施行細則64条）。依頼返却は、原則として支払呈示の撤回と解釈される（最判昭和32・7・19民集11巻7号1297頁）。

　不渡りになった約束手形の返却を翌日の手形交換に組み入れる方法で行わないときは、午前11時までに持出銀行の店頭に持参するという方法がとられる（東京手形交換所規則52条）。これを不渡返還時限と言う。そこで、持出銀行の側では、この時点を過ぎても不渡手形として返却されなければ、約束手形は問題なく決済されたものと判断し、取

立てを委任した顧客（取立委任前の手形所持人）の当座預金に手形金相当額を記帳する（**資料4**の当座勘定規定2条1項）。これによって、約束手形が現金化されたことになる。

4 取引停止処分

約束手形が与信を伴う以上、手形が不渡りになることは、本来、制度に内在するリスクである。手形を取得する者は、振出人の信用を調査して、そのリスクを自ら判断しなければならない。しかし、金融機関でもない一般の取引当事者にとってそうした調査は容易ではないから、この原則を貫くと、約束手形制度自体に対する信頼が失われ、結果として、約束手形が決済に利用されなくなるかもしれない。そこで、手形交換所に参加する金融機関の間で、安易に不渡手形（小切手についても同様）を振り出した振出人に対する制裁として、取引停止処分（不渡処分）を設けている。

取引停止処分とは、半年以内に2回の不渡届が提出された振出人について、手形交換所に参加する金融機関が当座勘定取引および貸出取引を停止するというものである。取引停止処分の根拠は手形交換所規則であり、したがって、その法的性質は参加金融機関の間の合意（その振出人と取引を行わないという契約）であるが、各金融機関は顧客との契約の中で、取引停止処分に従って取引関係を解消する旨を定めている（**資料4**の当座勘定規定23条3項、銀行取引約定書5条1項2号）。

不渡届を提出して取引停止処分を課す必要があるのは、約束手形が不渡りになった場合のうち、振出人の信用にかかわる場合に限られる。そこで、手形交換所規則では、不渡事由を、資金不足または取引なしを理由とする不渡り（第1号不渡事由）、正当な抗弁を主張する不渡り（第2号不渡事由）、および形式不備・呈示期間経過後等を理由とする不渡り（0号不渡事由）に分けて規定している（東京手形交換所規

則63条、同施行細則77条)。このうち0号不渡事由の場合は、正当性が明らかであるから不渡届は提出しない。第2号不渡事由の場合には、抗弁の正当性を手形交換所や金融機関では判断できないので不渡届は提出されるが、手形金相当額の異議申立提供金が手形交換所に対して提供されれば、振出人の信用には問題がないものとして、取引停止処分の対象とはしない(東京手形交換所規則64条参照)。なお、異議申立提供金は振出人の取引銀行(手形の持帰銀行)が手形交換所に対して提供するのであるが、その資金は、振出人が取引銀行に対して異議申立預託金として預託する。

　手形交換所にはその地域のすべての金融機関が加盟しているので、それらの金融機関から取引関係を停止されると、事実上、事業活動は不可能になる。そのようなきわめて厳しい制裁を集団で課すことは、事業者団体による共同の取引拒絶として独占禁止法に違反するのではないかという主張に対して、手形制度の信用を維持するという正当な目的を有しているので違法性を欠くと判断した判例がある(東京高判昭和58・11・17金判690号4頁)。約束手形は、本来、誰でも自由に利用できるユニバーサル型システムであるのに対して、取引停止処分は、そこから一定の条件に該当する者を排除してネットワーク型システムに近い形で運用しようという制度であるが、この判決は、このような運用に合理性を認めたことになる。このような判断の背景には、わが国の手形小切手が、一般消費者ではなく、もっぱら事業者間で利用されているという事情があるのかもしれない。

5　手形の書替

　満期に約束手形の弁済ができないときに、振出人が手形所持人と協議して支払いの猶予を受け、新たな支払期日を満期とする手形を振り出すことがある。これを、手形の書替と呼ぶ。元の手形は、新たな手

形と引換えに回収される場合も、そのまま手形所持人の手許に残る場合もある。判例は、これを「旧手形債務の支払いを延長するためのもの」と理解するが（最判昭和29・11・18民集8巻11号2052頁）、それが、新手形上の債務は旧手形債務と同一のものであるという趣旨であるとすれば、約束手形の無因性に反するとして、学説の批判を受けている（なお、判例は旧手形を回収する場合には更改に当たるとも述べていたが、その根拠となった民法513条2項の文言は平成16年に削除された）。

　手形の書替を旧手形債務の支払いの延長と解する結果として、判例は、旧手形の取得時に抗弁事由について善意であった手形所持人は、新手形の振出し時までに事情を知るところとなっていてもその抗弁を対抗されないと解し（最判昭和35・2・11民集14巻2号184頁）、また新手形を行使して支払いを受けた手形所持人が重ねて旧手形を行使することは許されない（最判昭和54・10・12判時946号105頁・商判Ⅶ－28事件）としている。これらの結論については学説も異論はなく、新手形が旧手形から独立した存在であるとしても、新旧手形には実質的な同一性があるなどと説明している。

第5節　遡求

1　制度の趣旨

　約束手形の支払手段としての信頼性は、基本的には、振出人の信用に依存する。たとえば、電子マネーやプリペイドカードでは発行主体に発行保証金の供託が義務づけられており、またクレジットカードでは、最終的な支払主体であるカード保有者の倒産リスクをカード会社が負担するが、それらと比較すると、約束手形の信頼性は、かなり不

確実であると言える。そこで、その信頼性を補うために、手形法は裏書人に担保責任を負わせ、振出人による支払いが行われない場合には、手形所持人が裏書人に対して遡求できることとしている（図表6－13。為替手形および小切手の場合は、支払いを行うのは第一義的には支払人であるが、その信頼性は、振出人との関係で支払人が支払いに応ずる可能性に依存しているから、基本的には同様に考えられる）。

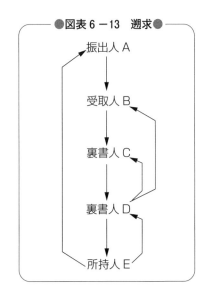

●図表6－13　遡求●

振出人A
↓
受取人B
↓
裏書人C
↓
裏書人D
↓
所持人E

遡求権の内容として手形法は、手形金額の支払請求（償還請求）を認める。遡求義務者は、約束手形の場合には、裏書人およびその手形保証人である（無担保裏書、取立委任裏書の裏書人を除く）。なお、満期を過ぎたからといって振出人が手形債務の絶対的な義務者でなくなるわけではないので（手形法78条1項・28条2項）、振出人は遡求義務者には含まれない（為替手形（手形法43条）・小切手（小切手法39条）の場合には、振出人も遡求義務者となる）。

2　要件と手続

遡求の要件は、実質的要件と形式的要件に分けて規定されている。実質的要件は、満期に約束手形の支払いが行われないこと、すなわち支払いの拒絶である（手形法77条1項4号・43条前段）。その前提として、支払呈示期間内に、約束手形が適法に呈示されていなければならない。為替手形の場合には、満期以前であっても、支払人が引受けを

拒絶したり資力を失ったりすれば遡求できるとされているが（手形法77条1項4号・43条後段）、わが国の判例は、約束手形の振出人が満期前に資力を失った場合も利害状況は同じであると考え、規定の文言には反するが（手形法77条1項4号は「支払拒絶」に限定する）、約束手形にも満期前遡求の規定を準用している（最判昭和57・11・25判時1065号182頁）。

　遡求の形式的要件とは、支払いの拒絶が支払拒絶証書という公正証書によって証明されることであり（手形法77条1項4号・44条1項）、具体的には、公証人または執行官が支払呈示に同行し、支払拒絶の事実を確認した上で、手形上またはそれに付した付箋に必要事項を記載して署名捺印する（手形法84条、拒絶証書令1条以下）。支払拒絶証書は、支払呈示期間内に作成しなければならない（手形法77条1項4号・44条2項）。

　支払拒絶証書の作成は、事実を証明する手段にすぎないから、遡求義務者の意思によって免除することができる（手形法77条1項4号・46条1項）。そこで、統一手形用紙では、裏書欄にあらかじめ「拒絶証書不要」と印刷されている。したがって、現実には、約束手形が不渡りとなって手形交換から戻ってきたら、その返却を受けた手形所持人がただちに遡求義務者に対して償還請求を行うという手続になる（小切手の場合には、支払拒絶の事実を証明する方法として支払人または手形交換所の支払拒絶宣言も認められているので（小切手法39条2号・3号）、実務上は、不渡事由を小切手上に直接記載して、支払銀行の支払拒絶宣言と取り扱っている（東京手形交換所規則施行細則59条1項））。

　なお、以上とは別に、手形所持人は支払拒絶の事実を拒絶証書作成の日（実務上は免除されているので支払呈示の日）に次ぐ4取引日の間に自分に対して手形を裏書譲渡した裏書人に通知し、通知を受けた裏書人はそれに次ぐ2取引日の間にさらに自分の裏書人に対して通知するという手続が求められている（手形法77条1項4号・45条1項）。こ

れは遡求の要件ではないが、通知を怠った場合には、損害を蒙った遡求義務者があれば賠償責任を負わされる（手形法77条1項4号・45条6項）。このような仕組みは、早く手形を受け戻して所持人に償還するインセンティヴを裏書人に与え、振出人の信用が悪化してしまう前に支払関係の巻戻しを進めることを目的としたものである。

3　遡求義務の内容

　遡求義務の内容は、手形金額に満期日以降の法定利率による遅延利息および手続費用を加算した金額の支払いである（手形法77条1項4号・48条）。遡求義務者は、遡求に応ずると手形上の権利者となって、手形を受け戻す（手形法77条1項4号・50条）。これにより、振出人に対して手形債権を行使できるようになるほか、他に遡求義務者があれば、さらに遡求することができる（再遡求。手形法77条1項4号・49条）。

　複数の遡求義務者の関係は合同責任であるから（手形法77条1項4号・47条）、遡求権者に対しては、各義務者が独立の債務を負担し、時効の中断（改正後民法の下では完成猶予または更新）等の事由には、すべて相対的効力しか認められない（手形法77条1項8号・71条参照）。遡求義務者間の内部関係については、連帯責任の場合のような負担部分は存在せず、自分が手形を取得する以前に裏書をした裏書人（およびその手形保証人）に対して、遡求金額の全額に遅延利息と費用を加えた金額の償還請求ができるのである。

第6節　手形上の権利の消滅

1　消滅時効

(1)　手形債務の消滅時効

　約束手形の振出人の手形債務は、満期日から3年で時効により消滅する（手形法78条1項・70条1項）。裏書人の遡求義務の時効期間は満期日（拒絶証書を作成する場合にはその日付の日）から1年間、再遡求義務の時効期間は再遡求権者、すなわち先の遡求義務者が遡求に応じて手形を受け戻した日または償還請求の訴えを受けた日から6カ月である（手形法77条1項8号・70条2項・3項）。

　償還請求訴訟が提起された者が再遡求義務者に対して訴訟告知を行えば、再遡求権の時効は完成しない（手形法86条）。そのほか、手形上の債務一般について、民法に定める事由があるときも時効は完成しない（民法147条、改正後民法147条～152条）。手形の呈示を伴わない催告（最判昭和38・1・30民集17巻1号99頁）、手形を所持しない権利者による裁判上の請求（最判昭和39・11・24民集18巻9号1952頁・商判Ⅶ-29事件）、白地を補充しないままの白地手形に基づく裁判上の請求（最判昭和41・11・2民集20巻9号1674頁）の場合にも時効の完成は妨げられる。なお、手形上の債務者が複数存在する場合には、時効の中断（改正後民法では時効の完成猶予または更新）はその事由が発生した債務者との関係でのみ認められる（手形法77条1項8号・71条。いわゆる相対効）。

　手形が支払いのために振り出された場合には原因関係上の債権も併存しているが、手形債権について時効の中断（改正後民法では時効の

完成猶予または更新）が生ずると、原因関係上の債権についても時効の中断（改正後民法では完成猶予または更新）の効力が及ぶ（最判昭和62・10・16民集41巻7号1497頁・商判Ⅶ－30事件）。先に原因債権が時効により消滅してしまうと、そのことが手形債権の行使に対する人的抗弁となって、手形金請求が拒絶されてしまうからである。

(2) 白地補充権の消滅時効

　白地手形の場合には、補充権を行使した上で手形金を請求しなければならないが、その場合に、白地補充権の消滅時効をどのように考えたらよいかという問題が生ずる。判例は、満期が白地の約束手形とそれ以外の約束手形を区別する。一覧払の手形・小切手については、振出日白地か否かで同様に区別して考える（最判昭和36・11・24民集15巻10号2536頁・商判Ⅶ－20事件。振出日白地の小切手の事案）。

　満期以外の手形要件が白地の場合は、満期から3年で手形債務自体が消滅する。判例は、補充権自体の消滅時効は考えず、それまでの間に補充権が行使されれば足りるとする（最判昭和45・11・11民集24巻12号1876頁）。

　これに対して、満期が白地の場合には、まず補充権の時効を考え、時効期間内に補充権が行使されれば、手形債務自体について、補充された満期から3年の時効期間を起算する（最判平成5・7・20民集47巻7号4652頁）。補充権の時効期間は、手形に関する行為（商法501条4号）に「準じて」考え、商法522条を準用して5年とされてきた（最判昭和44・2・20民集23巻2号427頁）。しかし、民法改正に伴い商事消滅時効の規定は削除されたので、今後は、手形上の債権と同様に3年とする考え方（最判昭和44・2・20の大隅裁判官意見）が有力になっていく可能性がある。時効の起算点は、補充権の行使に関する合意に照らして補充権を行使し得る時点である（大阪高判平成10・3・13金判1064号35頁）。

2 利得償還請求権

　手形上の権利が消滅した場合、手形の振出しや裏書によって達成しようとした原因関係上の支払い等の目的は実現しないままになる。これを放置することは不公平であるという判断の下に、手形法は利得償還請求権という制度を設け、関係者間の利害を調整している（手形法85条）。その制度趣旨について判例は、手形債権の時効期間は短く、また遡求権を行使するための手続は厳格であるからと説明している（最判昭和42・3・31民集21巻2号483頁）。なお、これは統一条約上の制度ではなく、わが国を含むドイツ法系の手形法にのみ存在する（小切手についてもまったく同じ制度があるが、以下ではいちいち言及しない）。

　このような制度は、クローズド・ループ型の支払手段では必要とされない。たとえば、電子マネーによる支払い後、受け取った者が電子マネーの買取りを求めずにいた間に電子マネー発行体が倒産すれば、原因関係上の代金は結局支払われなかったのと同じ状態になるが、それを不公平とは考えないであろう。この場合には、当事者間で、原因関係に基づく不当利得の調整を行えば済むからである。ところが、手形や小切手のようにオープン・ループ型の支払手段では、3当事者以上が関与することがあり得るため、不当利得の調整に大きなコストがかかる場面が出てくる。そこで、わが国の手形法は、利得償還という特殊な制度を設けて対応することとしたわけである。

　利得償還請求権の権利者は手形の所持人であり、義務者は、振出人または裏書人（為替手形の場合は引受人も含む）の中で利得を有する者である。その要件は、条文上、①手形上の権利がいったんは有効に成立していたこと、②手続の欠缺（遡求権行使のための手続を怠ったという意味）または時効により、その手形上の権利が消滅したこと、③義務者の下に利得が存在すること、とされている。判例には、手形所持

人が原因関係上の権利を行使できるからと述べて利得償還請求権の行使を認めなかったものがあるが（最判昭和38・5・21民集17巻4号560頁）、その理由は、原因関係上の権利が行使され得る限り、相手方が利得を得たとは言えないと述べられており、③に加えて第四の要件を立てたわけではないと思われる。

　「利得」の意味について、抽象的な定義としては「原因関係における財産上の利益」とされているが（大判大正6・7・5民録23輯1282頁）、具体的な判断の方法は、必ずしも明確ではない。理論的には、支払いに手形が用いられなかった場合を基準として調整するのか、逆に、手形に対して正常に支払いが行われた場合を基準とするのか、という二つの可能性がある。判例のように、原因関係上の債権を行使される可能性が残っていれば利得は存在しないと考えるのであれば、支払いのために約束手形が振り出されたときの振出人（原因関係上の債務者）には利得がないことになるから、手形が用いられなかった場合を基準として考える方が整合的であろう。ところが、別の判例は、支払いのために振り出された約束手形が買い取られ、その後、時効により手形上の権利が消滅したという事案で、振出人・受取人間には原因関係上の債権が残っているにもかかわらず、それが行使される現実的な可能性がないとして振出人に利得を認めている（最判昭和43・3・21民集22巻3号665頁・商判Ⅶ－32事件。**図表6－14**）。これは、手形が

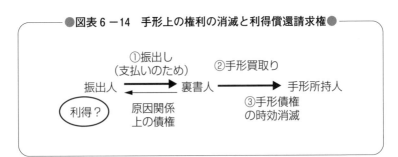

●**図表6－14　手形上の権利の消滅と利得償還請求権**●

正常に支払われた場合を基準とした判断に等しいと思われる。そもそも、約束手形は支払い・決済の手段としてのみ利用されるわけではなく、与信の目的で融通手形が振り出される場合や保証の趣旨で裏書させる場合などもあるので、判例は、一律の基準では割り切れないと考えているようにも見える。

なお、利得償還請求権は、手形上の権利そのものではないので、その行使に手形の交付は不要とされ（最判昭和34・6・9民集13巻6号664頁）、譲渡も民法上の債権譲渡の方法（民法467条）による。また消滅時効との関係では、商法501条4号に準じて考えられ、商法522条を類推して5年の時効に服する（前掲最判昭和42・3・31）。改正民法が施行されると、一般の債権と同様に、権利を行使することができることを知った時（手形上の権利の消滅および利得の発生を認識した時）から5年、権利を行使することができる時から10年で時効により消滅する（改正後民法166条1項）。

第7節　手形訴訟

手形金の支払いを求める訴訟については、手形訴訟と呼ばれる手続の特則が用意されている（民事訴訟法350条以下。小切手についても、同一の制度が適用され、「小切手訴訟」と呼ばれる）。手形が支払・決済手段としての機能を十分に発揮するためには、実質的な争点が少ない事案については、簡易な手続によって迅速に権利が実現されることが望ましいという考慮による。

手形訴訟の最も特徴的な点は、証拠調べが書証に限定されていることである（民事訴訟法352条）。ただし、手形その他の文書の真否および手形の呈示の有無についてのみ、申立てがあれば当事者尋問が行われる。このような手続の下では、抗弁の主張は実質的には不可能であ

り、抗弁を主張しようと考える手形債務者は、いったん手形訴訟の終局判決を受けた上で、それに異議を申し立てて通常訴訟に移行することになる（民事訴訟法357条）。異議の申立てが適法であれば、訴訟は口頭弁論終結前の状態に復する（民事訴訟法361条）。すなわち、この場合の通常訴訟は控訴審ではなく、第一審の継続である。

　このように簡易な手続は、有効な抗弁が主張される事件が手形金請求事件の中のきわめて限られた一部であるという前提の下では、合理的であると言える。しかし、手形所持人が有効な抗弁の存在を知りながら、あえてそれを主張させないという意図で悪用する危険性もある。利息制限法に違反する貸付の担保として手形を振り出させ、手形訴訟制度によって取り立てることは、手形訴訟制度の濫用に当たり不適法とした判例もある（東京地判平成15・11・17判時1839号83頁）。

第7章 電子記録債権

第1節 支払・決済手段としての電子記録債権の利用

　電子記録債権は、指名債権、指図債権（手形債権はその一種）と並ぶ金銭債権の新たな類型であり、発生または譲渡について電子記録債権法の規定による電子記録を要件とするものである（電子記録債権法2条1項）。

　電子記録債権の利用法としては、手形に代替するいわば「電子手形」や一括決済システムの電子化といった新たな支払・決済システムのほか、シンジケートローン債権の流通、リース・クレジット債権の流動化など、さまざまなものが考えられる。そうした事情を反映して、電子記録債権法の規定は最小限度にとどめられ、それぞれの利用法に応じて必要となる規制は、電子債権記録機関の業務規程の中で補われることとされた。その結果、電子記録債権を用いた支払・決済システムの制度設計は、実際にシステムを運営する電子債権記録機関の業務規程によって左右される。すなわち、電子記録債権による支払・決済システムは、電子債権記録機関ごとに独自性を持つネットワーク型システムである。

　ところで、電子債権記録機関は、電子記録債権の発生や譲渡を記録するだけであり、決済機関ではない。しかし、電子債権記録機関の業務規程では、「口座間送金決済に関する契約」または「支払に関するその他の契約」に係る事項を定めなければならないものとされている（電子記録債権法59条）。いずれの契約も銀行等（銀行、協同組織金融機関その他の政令で定める金融機関をいう。電子記録債権法58条）を当事者とするものであるから、電子記録債権を利用した支払・決済システムは、原則として、銀行預金を決済手段とし、銀行間の決済ネットワーク（全銀システム等）を通じて決済されることになる。なお、実務上

第1節　支払・決済手段としての電子記録債権の利用

は、金融庁の事務ガイドラインにおいて、口座間送金決済のしくみを利用することが、電子債権記録機関に義務づけられている。

電子債権記録機関は、個別の金融機関が設立してもよいが、業界団体が設立し、複数の金融機関が共同でシステムを提供する例もある。後者の例として、一般社団法人全国銀行協会が設立した株式会社全銀電子債権ネットワーク（通称「でんさいネット」）によって提供される支払・決済サービスは、平成25年2月の開業から4年を経て、毎年100万件を超える発生記録請求が行われるなど、利用が拡大している。本章では、必要に応じて、「でんさいネット」のサービス内容に触れながら、電子記録債権の仕組みを解説する。

でんさいネットは電子債権記録機関であり、これを利用して支払・決済サービスを提供する各金融機関は、参加金融機関となる。その支払いの当事者（利用者）は、自己の取引銀行との間で利用契約を締結した上で、その銀行を「指定参加金融機関」に指定し、その指定参加金融機関を通じて間接的に電子債権記録機関にアクセスする（間接アクセス方式）。これは、中小企業の中にはIT環境が不十分なところが少なくないことに配慮したためと説明されているが、実質的には、統一手形用紙を取引銀行が顧客にのみ提供するという現在の約束手形の運用をそのまま維持するものでもあろう。また、債権者も同一の電子債権記録機関（でんさいネット）に対して、いずれかの指定参加金融機関を通じてアクセスできる状態になければ、電子記録債権による支払いを行うことはできない。そして、債権者と指定参加金融機関および電子債権記録機関は、口座間送金決済に関する契約（電子記録債権法62条）を締結し、全銀システムを通じて決済を実行する。これらの点を全体として見ると、ネットワーク型システムとしての特徴が相当に強いスキームとなっている（**図表7－1**）。

電子記録債権による具体的な支払いの方法としてでんさいネットは、約束手形と同様に原因関係上の債務者が電子記録債権を発生させ

第7章 電子記録債権

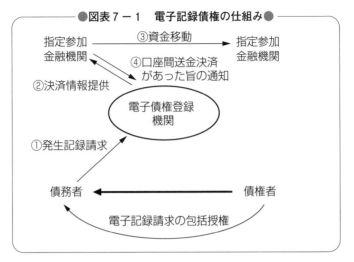

●図表7-1　電子記録債権の仕組み●

る「債務者請求方式」を基本とした（逆為替のように債権者が電子記録債権を発生させる「債権者請求方式」は、指定参加金融機関が認める場合に限り実施される。でんさいネット業務規程26条・27条）。その下では、債務者は、自己の取引銀行を「指定参加金融機関」として電子記録債権の発生記録を請求する。電子債権記録機関は、発生記録をしたときは、権利者に対して、その指定金融機関を通じて通知する。

　支払期日の2営業日前になると、電子債権記録機関が債務者の指定参加金融機関に対して決済情報（電子記録債権法62条2項・63条1項参照）を提供する。それを受けて債務者の指定参加金融機関（仕向銀行）は、資金を引き落とした上で、全銀システムを通じて債権者の指定参加金融機関（被仕向銀行）に振込電文を発信する。振込電文を受信した被仕向銀行は、債権者の口座に入金する。振込電文の発信後、仕向銀行から電子債権記録機関に対して「口座間送金決済があった旨の通知」（電子記録債権法63条2項）を行い、これに基づいて電子債権記録機関は、支払期日から2営業日後に支払等記録をする。仕向銀行・被仕向銀行間の決済は、全銀システムを用いた他の資金移動と併せてク

リアリングがなされ、各銀行が持つ日銀当座預金の付替えによって完了する。

　でんさいネットにおいては、支払期日に債務者の預金が資金不足になっていたときは、仕向銀行から「支払不能」の届出がなされる（1号支払不能）。原因関係上の抗弁等を理由として、債務者から決済停止依頼が出されていたときも同様である（2号支払不能）。「支払不能」の情報は参加金融機関に通知され、6カ月以内に2回目の支払不能が発生したときは、それが2号支払不能で、かつ業務規程に従った異議申立てがなされた場合を除き、電子記録債権の債務者としての利用の禁止および貸出取引の停止というペナルティが課せられる（でんさいネット業務規程47条～49条）。このような手形の不渡処分と類似した制度の導入は、電子記録債権を用いた支払・決済システムが普及するための必要条件であるとして、電子記録債権法を可決した参議院財政金融委員会の附帯決議でも、検討が求められていたものである。

第2節　電子記録債権の発生

1　発生記録

　電子記録債権は、発生記録をすることによって生ずる（電子記録債権法15条）。発生記録その他の電子記録は、電子記録権利者と電子記録義務者の双方がしなければならないとされているので（電子記録債権法5条1項）、発生記録であれば、債務者と債権者がともに発生記録を請求する意思表示をする必要がある。ただし、共同で請求することは要求されておらず、また共同請求によらなければ電子記録債権を発生させられないとしたのでは実務上は不便であるから、でんさいネッ

トでは、利用者があらかじめ包括的な代理権の授与を相互に行い、それに基づいて、債務者が債権者による請求の意思表示をも代理して行うものとしている（でんさいネット業務規程26条）。すると結果的には、債務者が電子債権記録機関に対して発生記録の請求をすれば発生記録が行われ、電子記録債権が発生するということになる。

発生記録に記録しなければならない事項として法律上要求されているものは、①債務者が一定の金額を支払う旨、②支払期日（確定日のみ）、③債権者の氏名・名称および住所、④債権者複数の場合、不可分債権であるとき改正民法の施行後は不可分債権または連帯債権であるときはその旨、可分債権であるときは債権者ごとの金額、⑤債務者の氏名・名称および住所、⑥債務者複数の場合、不可分債務・連帯債務であるときはその旨、可分債務であるときは債務者ごとの金額、⑦記録番号、⑧電子記録の年月日である（電子記録債権法16条1項）。ただし、でんさいネットでは、電子債権記録機関の業務規程において債権者・債務者が複数の電子記録債権を取り扱わないものとすることが予定されているので、④と⑥が現実に記録されるケースはない。また、でんさいネットは、①の債権金額が1万円を下回る発生記録を受け付けないこととしている（でんさいネット業務規程30条2項1号、同業務規程細則17条7項）。

このほかに、法律上、記録することが認められている事項があり、そのうちでんさいネットが発生記録に含めるとしているのは、⑨口座間送金決済に関する事項、⑩債権者・債務者が個人事業者であるときはその旨、⑪譲渡記録の制限のうち譲渡先を参加金融機関に限るものである（電子記録債権法16条2項1号・9号・12号）。

2 原因取引との関係

電子記録債権は、原因関係上の債権とは別個の金銭債権である。そ

して、その内容は債権記録の記録により定まる（電子記録債権法9条1項）。すなわち、電子記録債権は無因の債権であり、原因関係の無効や取消し、解除などは電子記録債権の有効性に影響を与えない。それらの事情は、当事者間における人的抗弁（電子記録債権法20条）となるにすぎない。

　原因取引と電子記録債権との関係は、小切手や約束手形についての従来の考え方をそのまま当てはめて、当事者の意思に従い、原因債権を消滅させる場合（「支払いに代えて」）、原因債権と併存するが電子記録債権を優先的に行使する場合（狭義の「支払いのために」）、原因債権と併存し、行使の優先順位がない場合（「担保のために」）のいずれかになると考えられているようである。でんさいネットにおいては、原則として口座間送金決済が利用されるのであるから、「担保のため」という合意が認定される場合はほとんどないであろう。

3　意思表示の瑕疵

　発生記録の請求は電子債権記録機関に対する意思表示であるが、電子記録債権法は、それに加えて、債務者と債権者の間にも電子記録債権を発生させる合意が存在することを前提に、その合意を構成する意思表示についての規定を置いている（電子記録債権法12条・13条）。これは、当事者間の意思表示を電子債権記録機関に対する請求と別個にしなければならないという意味ではなく、後者の意思表示に前者の側面も含まれているという意味である。

　そのように理解したとき、当事者間の意思表示に瑕疵があった場合には、民法の規定が適用される。ただし、民法93条但書（心裡留保）、民法95条（錯誤）が適用される場合の第三者、および民法96条1項・2項（詐欺・強迫）が適用される場合の取消し後の第三者との関係では、その第三者が善意でかつ重大な過失がなければ無効・取消

しを対抗することができない（電子記録債権法12条1項）。民法94条2項や民法96条3項のように、民法の方が第三者保護の要件を緩やかに定めているものは、その規定を適用する（改正民法が施行されると、錯誤（改正後民法95条）・詐欺（改正後民法96条）を理由として意思表示が取り消された場合の第三者、および強迫（改正後民法96条）を理由とする取消しの場合の取消後の第三者との関係では、その第三者が善意でかつ重大な過失がないときは対抗することができず（改正後の電子記録債権法12条1項）、心裡留保が無効となる場合（改正後民法93条1項但書・2項）や虚偽表示の無効（民法94条2項）のように民法の方が第三者保護の要件を緩やかに定めているものは、その規定を適用することとなる）。なお、支払期日以後に電子記録債権の譲受け、差押え、仮差押え等を行った第三者にはこの規定は適用されない（電子記録債権法12条2項1号。法文上は、消費者保護の見地から、無効・取消しを主張する者が個人事業者として記録された者以外の個人であるときもこの規定の適用が排除されているが（同項2号）、でんさいネットでは、そもそもそうした個人には利用を認めないこととしている。でんさいネット業務規程12条1項1号）。

　もっとも、これらの規定の下では保護されない債権者（たとえば悪意の相手方）であっても、支払いをした者に悪意または重過失がなければ、債務者は、結局リスクを負担する（電子記録債権法21条。この規定は電子記録債権の消滅のみを対象とし、債務者と指定参加金融機関との間における資金引落しの有効性にはかかわらないのかもしれないが、参加金融機関が利用許可を与える際の契約の中にも同様の免責規定が置かれるであろう）。したがって、債務者としては、支払期日までに指定参加金融機関に対して決済停止依頼を行い、指定参加金融機関を悪意にしておかなければならない。たとえ決済が実行されても、無権利の相手方に対して支払われた金額の返還を請求する権利は存在するが、その場合には、相手方の無資力のリスクを債務者が負担する結果となるからである。

4　無権限取引

　発生登録の請求を無権代理人や他人になりすました者が行った場合、有効な登録請求が存在しないのであるから、電子記録債権は発生しない。しかし、電子記録の外見上はそのことが明らかではないから、第三者が電子記録を信頼して電子記録債権を取得したと考え、対価を支払うといった事態が生じ得る。そのような場合には、電子債権記録機関が原則として損害賠償責任を負う。ただし、代表者および使用人その他の従業者が注意を怠らなかったことを電子債権記録機関が証明すれば、責任を免れる（電子記録債権法14条）。手形や小切手が無権限者によって振り出された場合には、表見代理の成否を除けば、振出人の使用者責任が問題とされていたが、ここでは、一定の要件の下で、電子債権記録機関がリスクを分担するという解決がとられている。その理由は、電子記録債権の場合には、発生記録の請求時の本人確認等の仕組みを、電子債権記録機関が業務規程に基づいて設定できるからであろう。もっとも、でんさいネットの下では、電子債権記録機関に直接アクセスするのは当事者ではなく参加金融機関なので、本人確認を行うのはむしろ参加金融機関であり、その注意義務違反について電子記録債権法14条が類推されるか否かが問題となり得る。

　なお、無権限取引の場合には、表見代理および無権代理に関する民法の規定が適用されると考えられている。表見代理（民法110条等）については、代理権の存在を信じた正当な理由の有無をどの主体について判断するのかという問題があるが、電子記録債権が発生するためには電子債権記録機関に対して有効な意思表示がなされなければならないから、電子債権記録機関を「第三者」として正当事由を判断することになると思われる。これらの問題について、電子記録債権法はまったく規定を置かず、ただ無権代理人の責任（民法117条2項）につい

て、相手方が悪意または重過失でない限りは責任を追及できると定める（電子記録債権法13条）。無権代理人の責任は、電子記録債権の成立とは無関係なので、ここにいう「相手方」は電子記録債権の債権者を指すと解される。

5　不実の電子記録

電子記録の内容が請求された内容と異なっていたり、そもそも請求もしていない電子記録がなされていたりしたときは、電子債権記録機関は、訂正義務を負う（電子記録債権法10条）とともに、電子記録を請求した者その他の第三者に生じた損害を賠償しなければならない。ただし、電子債権記録機関の代表者および使用人その他の従業者が注意を怠らなかったことを証明すれば、責任を免れる（電子記録債権法11条）。ここでも、データの改変や誤入力等のリスクについて、電子債権記録機関が負担するという仕組みがとられている。システムの安全性の確保を含め、それらのリスクを最も適切にコントロールできるのは、電子債権記録機関だと思われるからである。

第3節　電子記録債権の譲渡

1　譲渡記録

電子記録債権を譲渡するためには、譲渡記録をしなければならない（電子記録債権法17条）。発生記録の場合と同様に、法律上は、譲渡人と譲受人の双方が譲渡記録を請求する意思表示をしなければならないが、でんさいネットにおいては、事前の包括的な代理権の授与に基づ

き、譲渡人が指定参加金融機関に対して譲渡記録を請求することとされている。

譲渡記録は、手形や小切手の裏書に相当するものであり、権利移転的効力がある。また、資格授与的効力は、譲渡記録の効力としては規定されていないが、電子記録名義人が電子記録債権についての権利を適法に有するものと推定されている（電子記録債権法9条2項）ので、実質的には同様の帰結になる。これに対して、担保的効力（遡求義務の負担）は、電子記録債権法上は存在しない。これは、電子記録債権を支払・決済手段（約束手形の電子化）だけではなく、リース・クレジット債権の流動化やシンジケートローン債権の流通にも利用できるようにするためである。しかし、電子記録債権を支払手段として利用する場合には、裏書人の遡求義務に当たる仕組みによって信用性を高める必要性があるから、でんさいネットでは、譲渡記録に、譲受人が不要とする場合（無担保裏書に相当する場合）を除いて、譲渡人を保証人、譲受人を債権者とする電子記録保証を伴わせることとしている（でんさいネット業務規程31条2項）。

譲渡記録に記録しなければならない事項は、①電子記録債権の譲渡をする旨、②譲渡人が現在の電子記録名義人の相続人であるときは譲渡人の氏名および住所、③譲受人の氏名・名称および住所、④電子記録の年月日であり（電子記録債権法18条1項）、それに加えて、でんさいネットの下では、⑤譲受人の口座情報、および⑥譲渡人が個人事業者であるときはその旨（電子記録債権法18条2項1号・2号）が記録される。

2　善意取得

譲渡記録の請求により電子記録債権の譲受人として記録された者は、悪意または重大な過失があるときを除き、その電子記録債権を取

得する（電子記録債権法19条1項）。ただし、譲渡記録の請求が支払期日以後にされたものである場合には、電子記録債権の善意取得は成立しない（電子記録債権法19条2項2号）。法律上は、①本条を排除する旨が記録されている場合、および②個人事業者として記録された者以外の個人による譲渡記録請求に意思表示の瑕疵がある場合の転得者についても善意取得が成立しないことになっているが（電子記録債権法19条2項1号・3号）、でんさいネットの下では①の記録は受け付けられず、また個人事業者でない個人については、電子記録名義人を相続した場合を含めて譲渡記録の請求を認めないので、②の事態が生ずる余地はない。

　電子記録債権について善意取得が成立した場合には、本来の権利者は反射的に権利を失うと解される。リスク分配のあり方としては、本来の権利も存続させて二重に権利が成立する状態を認め、その結果として生ずる損害をシステム全体として負担するという設計もあり得るが（社債、株式等の振替に関する法律145条以下参照）、電子記録債権は記録番号によって個別的に管理されるので（電子記録債権法16条1項7号）、そのような結論は取り得ないであろう。もっとも、原因となった譲渡記録が電子債権記録機関の過誤によってされたものであれば、本来の権利者は、電子債権記録機関に対して損害賠償を請求できる（電子記録債権法11条）。この場合、電子記録の誤りによるリスクは、結局のところ、電子債権記録機関の責任を通じてシステム全体が負担することになる。

　ところで、手形や小切手の場合には、有体物としての証券が盗難、紛失等により失われると善意取得の危険が発生するが、電子記録債権は、電子債権記録機関によって適切にデータが管理されている限り、それに相当するリスクはきわめて小さい。したがって、善意取得が成立する場面は、実際にはほとんどないのではないかと思われる。もっとも、手形・小切手の場合と同様に、譲渡人側の譲渡記録請求が無権

限で行われた場合にも善意取得の制度が適用される、という考え方も成り立つ余地がある。なお、善意取得の規定の適用範囲について、手形・小切手の善意取得と同様に解釈されるという解釈もあるが、少なくとも電子記録を請求する意思表示については、電子記録債権法12条の規定によって第三者の保護が図られるので、手形・小切手に関する従来の議論とまったく同じということはあり得ないと思われる。

3 抗弁の切断

電子記録債権が譲渡されたとき、債務者は、譲渡人に対する人的関係に基づく抗弁をもって譲受人（現在の債権者）に対抗することができない。ただし、その債権者が「債務者を害することを知って」電子記録債権を取得したときは、人的抗弁の対抗が認められる（電子記録債権法20条1項）。なお、この規定に基づく人的抗弁の切断は、支払期日以後にされた譲渡記録の請求により電子記録債権の譲受人として記録された債権者との関係では適用されない（電子記録債権法20条2項2号。法律上は、①本条の適用を排除する旨を記録した場合および②債務者が個人事業者として記録されていない個人である場合にも、人的抗弁は切断されないが、でんさいネットの下では、①の記録は受け付けられず、また個人事業者以外の個人による利用を認めないので②も現実の問題とはならない）。

「債務者を害することを知って」という文言は、明らかに手形法17条、小切手法22条と同一であり、同様に解釈されると解されている。それによれば、「支払期日に、債務者が譲渡人に対し抗弁を主張して支払いを拒むことが確実であるという認識」の有無が判断の基準として用いられることになろう。

もっとも、でんさいネットにおいては、原則として口座間送金決済が利用されるので、債務者が何ら行動をとらなければ、人的抗弁を主

張する機会がないままに決済が行われてしまう。債務者としては、支払期日の2営業日前（決済のためのデータ交換が開始される日）よりも以前に、指定参加金融機関に対して決済停止依頼を出し、口座間送金決済による決済を回避した上で、電子記録債権の債権者との間で交渉・訴訟等を行うことになろう。

第4節 電子記録債権の消滅

1 同期的管理

　電子記録債権も金銭債権であるから、支払い、相殺等によって消滅する。発生や譲渡の場合と異なり、支払等記録（電子記録債権法24条）がされることは、消滅の効力要件ではない。

　すると、支払等記録がされる以前に、支払いの事実を知らずに第三者が電子記録債権を譲り受けてしまう可能性があるが、その場合には、支払いによる消滅の事実は人的抗弁になると解されている。約束手形の場合には、オープン・ループ型であるため、そのような考え方をとった上で、手形を受け戻す権利を振出人に与えるという制度設計になっているが、電子記録債権は、権利関係が変動するたびに電子記録がなされるという意味ではクローズド・ループ型であるから、支払等によって電子記録債権が消滅したときは、できる限り間を置かずに支払等記録をするという仕組みをつくることが合理的である。電子記録債権法の立法過程では、その点が「同期的管理」という表現で論じられた。

　同期的管理を実現するために採用された制度は、電子債権記録機関が銀行による決済システム（口座間送金決済または支払いに関するその

他の契約）を確保した上で、その決済システムから通知を受けたときは、当事者からの請求を待たずに、遅滞なく支払等記録をするというものである（**第7章第1節**参照）。これは、ファイナリティのある決済のシステムを用意し、それと電子債権記録機関の持つ電子記録とをリンクすることで、実態と合致しない電子記録が残存するリスクを限定しようとしたものと考えられる。もっとも、例外的には、相殺や現金による弁済など、決済システム外で電子記録債権を消滅させる余地は否定されていない。その場合には、「同期的管理」は実現されず、支払等記録がされるまでの間のリスクを債務者が負担する結果となる。

2 電子記録債権の消滅の態様

電子記録債権が消滅する原因の最も典型的なものは、支払いである。なお、手形の場合と同様に、電子記録名義人に対して支払いをしたときは、支払いをした者に悪意または重過失がない限り、電子記録債権を消滅させる効果を有するという免責の規定がある（電子記録債権法21条）。

その他の消滅事由としては、代物弁済、相殺、免除等が考えられる（民法482条・505条・519条）。混同による消滅は、当然にではなく、電子記録債権を取得した債務者の請求に基づいて支払等記録がされたときに限って効果を生ずる（電子記録債権法22条1項）。混同のみは支払等記録が消滅の効力要件になっているわけである。

以上に加えて、電子記録債権は時効によって消滅する。時効期間は、支払期日から3年間である（電子記録債権法23条）。起算点について条文に規定されていない理由は、期限の利益を喪失した場合のことを考えたためと言われるが、でんさいネットは期限の利益喪失特約の記録を認めないので、問題とならない（改正民法が施行されると時効の起算点が明示され、時効期間は、電子記録債権を行使できる時から3年間

となる（改正後の電子記録債権法23条））。

3 支払等記録

　でんさいネットの下では、原則として、電子記録債権の支払いは口座間送金決済によって行われることになるが、その場合には、電子債権記録機関は、仕向銀行からの通知に基づいて支払等記録をする。その他の支払い、相殺等による電子記録債権の消滅の場合には、債権者の単独の請求によるとき（電子記録債権法25条1項1号・2号）、または債務者からの請求に基づき債権者の承諾を得たとき（同項3号）に、支払等記録がされる。

　支払等記録の記録事項は、①消滅する電子記録債権の記録番号、②支払等の金額その他の内容（消滅の態様を含む）、③支払等があった日、④支払等をした者の氏名・名称および住所、⑤法定代位（民法500条）が成立する場合はその事由、⑥電子記録の年月日、⑦債権者の請求によるときはその氏名・名称および住所である（電子記録債権法24条1項、電子記録債権法施行令1条1号）。

第5節　電子記録債権の利用

1　記録事項の変更

　電子記録債権の内容は、支払いまでの間に変更されることがある。そうした変更は、支払いの猶予を目的とした支払期日の変更のように当事者の意思によって生ずる場合もあれば、債権者や債務者の相続・合併といった取引外の事情によって生ずる場合もある。

このうち、当事者の意思による変更については、変更記録をしなければ効力を生じない（電子記録債権法26条）。そして、そのような変更記録は、利害関係を有する者が全員で請求しなければならない（電子記録債権法28条）。約束手形であれば、手形所持人と振出人の合意によって事実上、手形要件の変更が行われてしまうので、中間の裏書人のような同意を与えていない者との関係では変造に当たり、その効力を主張できないという取扱いになるのであるが、電子記録債権の場合には、そもそも利害関係者の全員が同意していない変更は効力を認めないことになっている。これに対して、取引外の事情による変更は、電子記録を実態に合致させるだけの手続であるから、該当する当事者が単独で請求できる（電子記録債権法29条2項・4項）。

2　電子記録保証

　電子記録債権について、民法上の保証とは別に、手形保証と同様に独立性のある保証を可能にするために、電子記録保証という制度が設けられている。電子記録保証は、保証記録をすることによって生ずる（電子記録債権法31条）。前述のとおり、電子記録債権の譲渡記録には担保的効力がないので、でんさいネットでは、譲渡記録を請求する際には、保証記録を併せて請求しなければならないものとしている。

　電子記録保証は独立性を有するので、主たる債務者が債務を負担しない場合であっても効力を有する。ただし、主たる債務が必要的記録事項を欠いているために無効であれば、それは誰に対しても対抗できる物的抗弁となり、電子記録保証も無効になる（電子記録債権法33条1項）。法律上は、個人事業者として記録されている者以外の個人が電子記録保証人であるときは独立性が否定されているが、でんさいネットはそうした個人の利用を認めないので問題とならない。

　また、手形の裏書人の担保責任と同様の効果を実現する目的で用い

られるのであれば、主たる債務者と電子手形保証人、および複数の電子手形保証人相互間の関係は合同責任でなければならない。そこで、催告の抗弁・検索の抗弁・連帯保証における請求等の絶対的効力が適用されないことになっている（電子記録債権法34条1項）。

電子記録保証人が保証債務の履行（法律上の用語は「出えん」）をしたときは、その旨の支払等記録がされると、保証人に特別求償権が発生する。民法上の保証人の求償権ではなく特別求償権となっている理由は、ここでも、手形の遡求義務と同様の効果を実現するためであろう。具体的には、特別求償権を取得した電子記録保証人は、①主たる債務者および②自己よりも以前に電子記録保証をしていた電子記録保証人に対して特別求償権を行使することになる。このほかに、共同手形保証の関係に相当する状況の下では、③他の電子記録保証人に対して、自己の負担部分を超える出えん額のうちその電子記録保証人の負担部分の範囲内で特別求償権が行使できる（電子記録債権法35条1項）。

保証記録には、(a)保証する旨、(b)保証人の氏名・名称および住所、(c)主たる債務者の氏名・名称および住所その他主たる債務を特定するために必要な事項、(d)電子記録の年月日、(e)保証人が個人事業者であるときはその旨を記録する（電子記録債権法32条1項・2項5号。でんさいネットでは、これ以外の事項の記録を受け付けない）。なお、でんさいネットでは特別求償権について支払等記録以外の電子記録を認めないので、特別求償権を譲渡する等の行為はできないことになる。

3 質権

電子記録債権を目的とした質権の設定も認められている。その効力要件は質権設定記録をすることである（電子記録債権法36条）。手形や小切手の質入裏書に類似した制度であると思われるが、でんさいネッ

トでは質権設定記録を取り扱わない。手形・小切手についても、質入裏書は、実務上、利用されていないからと説明されている。

4 分割

　電子記録債権は、分割することができる（電子記録債権法43条１項）。分割が有用だと考えられているのは、親事業者から電子記録債権を受け取った下請事業者が、二次下請事業者に対する債務を支払うため、回り手形のように、その電子記録債権を利用するといった状況である。このとき、受け取った電子記録債権の金額と支払うべき債務の金額とが一致するとは限らない。従来から、回り手形の利用にはそのような問題があったのであるが、約束手形の場合には、一枚の証券を切り分けるわけにはいかないため、一部の金額の裏書譲渡は無効とされている（手形法11条２項）。この問題が、電子記録債権においては解決できると期待されているわけである。

　電子記録債権の分割の方法は、それまで存在していた電子記録債権の債権記録（原債権記録）および新たに作成する債権記録（分割債権記録）に分割記録をした上で、原債権記録の中から必要な事項を分割債権記録に転記するというものである（電子記録債権法43条２項）。法律上は、分割記録は債権者が単独で請求できるとされており（電子記録債権法47条３項）、手許で電子記録債権を適当な金額に分割し、用意しておくという利用法も想定されているようであるが、でんさいネットは、譲渡記録と一体でなければ請求できないとして、譲渡時に分割することとしている。またでんさいネットにおいては、分割債権の最低債権金額は１万円である（電子記録債権法７条２項参照）。

　分割記録事項は、分割債権の側では、①原債権記録から分割をした旨、②原債権記録および分割債権記録の記録番号、③分割債権記録に記録される債務者（発生記録における債務者と同一の者）が一定の金額

を支払う旨、④債権者の氏名・名称および住所、⑤電子記録の年月日であり、原債権記録の側では、(a)分割をした旨、(b)分割債権記録の記録番号、(c)電子記録の年月日である（電子記録債権法44条1項・2項）。分割記録をすると同時に、原債権記録から分割債権記録に必要事項が転写され（電子記録債権法45条1項）、併せて、原債権記録の金額を削除し分割後の残額を記録する等の記録が行われる（電子記録債権法46条1項）。

第8章
クレジットカード

第8章 クレジットカード

第1節 クレジットカードの仕組み

　クレジットカードによる決済の仕組みを最も単純化して説明すれば、カード保有者（会員）から加盟店への資金移動を、カード会社が介在して、取引後の一定の期日に行うものと言うことができる。取引の時点と決済の時点が分離しているため、カード保有者にとっては、カード会社から与信を受けたことになるというメリットがある。支払方法として分割払いを選択すれば、与信を受けるというメリットは一層大きなものになろう。分割払いの方式には、個々の取引について分割払いとする方式のほか、未払い残高を一括し、その金額に見合った分割払い金額が設定されるというリボルビング払いの方式がある。日本の消費者は、海外に比べると一括払いを選択する割合が高いと言われている。

　クレジットカードによる支払いを構成する契約関係は、カード会社とカード保有者との間の会員規約と、発行会社と加盟店との間の加盟店契約である。これらの契約にもとづく取引のうち、取引から決済までの期間が2か月以上（分割払いや2か月以上先のボーナス一括払い）である場合またはリボルビング方式による場合は、割賦販売法において「包括信用購入あっせん」（割賦販売法2条3項）とされ、抗弁の接続（第2節参照）を含む同法の多くの規定が適用される。ただし、それらの規定の大半は、原因取引が商品の売買または役務の提供であれば限定なく適用されるが、権利（施設利用権など）の取引については、政令で指定された権利が取引の対象である場合に限って適用されることとなっている（たとえば、割賦販売法30条の2の3）。これに対して、クレジットカードによる支払いであっても、翌月の一括払い（マンスリークリア）による場合は、「二月払購入あっせん」となり

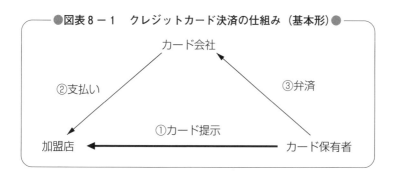

●図表8－1　クレジットカード決済の仕組み（基本形）●

（割賦販売法35条の16第2項）、関係する事業者に対して、クレジットカード番号等の適切な管理に関する義務など割賦販売法の一部の規定のみが適用される。

　クレジットカードを用いた支払いの法的構成について、日本では、契約により二つの方式が用いられている。一つは、デビットカードの場合と同様にカード会社が加盟店から代金債権を譲り受け（民法466条）、カード保有者から期日に弁済を受けるという構成（債権譲渡方式）であり、いま一つは、カード会社が加盟店に対して第三者弁済（民法474条）を行い、カード保有者に対して期日に求償するという構成（立替払い方式）である。いずれの構成をとる場合にも、カード会社と加盟店およびカード保有者の間の決済は、銀行預金の付替えによって行われる。すなわち、クレジットカードの決済手段は、デビットカードや銀行振込と同じく預金債権である（図表8－1）。

　以上のような単純な仕組みは、一部のクレジットカードではそのまま用いられているが、多くの場合は、カード会社の役割が分化し、複数の事業者によって担われている（図表8－2）。まず、一般的には、カード保有者にカードを発行し、弁済受領または求償を行うカード発行会社（イシュア）、加盟店を開拓し、加盟店からの債権買取りまたは立替払いを行う加盟店管理会社（アクワイアラ）、両者を媒介して決済ネットワークを運営する国際ブランドカード会社はそれぞれ別の事

第8章 クレジットカード

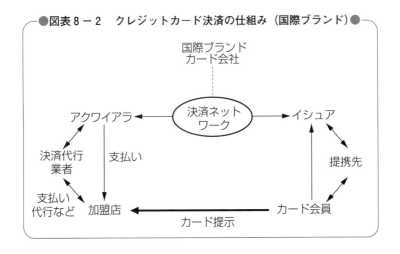

●図表8－2　クレジットカード決済の仕組み（国際ブランド）●

業者である。

　イシュアとアクワイアラの間の決済（セトルメント）の方法も、取引によって少しずつ違っている。クレジットカードが国内で利用された場合には、イシュアからアクワイアラに対して、国内の銀行間決済システム（日銀ネットまたは全銀システム）を通じて資金移動がなされる。ただし、イシュアとアクワイアラが同一のカード会社であれば（オンアス取引）、銀行間で資金を移動する必要はないから、システム上でデータ処理が行われるだけで決済は終了する。これに対して、カードが海外で利用された場合には、国際間の外国為替決済が必要になるので、国際ブランドカード会社の運営するデータセンターがデータ処理をした上で一定の期日にネッティングを行い、差額を各国の金融機関相互間で決済することになる。

　最近では、クレジットカード取引の当事者は、さらに複雑化している。まず、カード発行会社（イシュア）の側では、カード保有者（会員）の獲得・管理をデパートや航空会社、同窓会などが行う「提携カード」が広く発行されるようになった。この場合、カードの発行と

第1節　クレジットカードの仕組み

弁済受領・求償の業務が、イシュアに委託されることになる。

　他方、加盟店の側でも、電子商取引の発達などを受けて、加盟店管理会社（アクワイアラ）との間に決済代行業者（Payment Service Provider: PSP）が介在する取引が増加している。決済代行業者（PSP）の法的な位置づけはケースによってさまざまであり、①「包括加盟店契約」によって自らが加盟店となり、サービス提供契約を締結した店舗を「店子」として、店頭でのカード利用を認める形態（店子はカード利用端末を持たず、決済代行業者（PSP）からタブレットに装着して使用する小型デバイスの提供を受けてカードを読み取るという場合もある）、②「包括代理加盟店契約」にもとづき、加盟店を代理してアクワイアラと加盟店契約を締結し、かつアクワイアラから支払われる立替金を代理受領して加盟店に分配するという形態、③加盟店をアクワイアラに紹介（媒介）したり、取次を行ったりして加盟店契約の締結を促進する形態（オンラインのカード支払システムの提供などをあわせて行う場合が多い）、などがある。こうした決済代行業者（PSP）のサービスは、小規模の店舗もクレジットカードによる支払いを受けられるようにするという利便性をもたらしたが、反面で、消費者トラブルの多い店舗が決済代行業者（PSP）を隠れみのとしてアクワイアラの加盟店審査を潜脱するといった危険性も生じている。

　支払システムとしてのクレジットカードの特徴は、加盟店への支払い（立替払いまたは債権譲受け）とカード保有者の銀行口座からの引落しの間に時間的な間隔があるという点にある。言い換えれば、クレジットカードは、支払義務者（カード保有者）に対する与信を伴った支払手段である。そして、期日までの間にカード保有者が破産するなどのため引落しができなくなっても、カード会社は加盟店から支払いを取り戻すことはない。すなわち、カード保有者に対する与信のリスクはカード会社が負担する。

　クレジットカードの利用者が一括払いを選択した場合にも、イシュ

アからの請求は月ごとにまとめて行われるため、引き落とし日までの間は利用者に対する与信が発生する。しかし、これは、法律上、事務処理に伴う一時的な時間差と考えられ、特に規制されていない。これに対して、2か月以上にわたる分割払い、ボーナス一括払いまたはリボルビング払いが選択され、割賦販売法に定める「包括信用購入あつせん」に該当すると、貸金業法と共通する消費者信用の総額規制が課せられる。カード保有者に対して過剰な与信が行われると、カード会社にとって事業上のリスクとなることに加え、多重債務によってカード保有者の生活基盤が破壊されるといった問題を生ずるからである。具体的には、カードの新規発行や極度額（利用限度額）の増加に際して、カード会社は年収証明書等の提出を求めて包括支払可能見込額（返済可能見込額）を調査しなければならない（割賦販売法30条の2）。この調査を十分に行うため、業界内で指定信用情報機関が設立され、信用情報の収集およびカード会社に対する信用情報の提供を行うこととなっている（割賦販売法35条の3の36以下）。カード会社は、包括支払可能見込額の調査に際して指定信用情報機関が保有する信用情報を利用しなければならない（割賦販売法30条の2第3項）。

第2節　抗弁の接続

　クレジットカードを利用した支払いは、電子マネーや小切手の場合と異なって無因ではなく、原因取引の瑕疵や抗弁の影響を受ける。「包括信用購入あつせん」として割賦販売法30条の4・30条の5が適用される場合（原因取引が商品または役務であればすべての場合、権利であれば政令で指定された指定権利の場合）には、カード保有者は、加盟店（割賦販売法では「包括信用購入あつせん関係販売業者」または「包括信用購入あつせん関係役務提供事業者」と呼ばれる）に対する原因取引

上の抗弁をカード会社（包括信用購入あつせん業者）に対抗することができるとされているからである。たとえば、販売会場から帰らせてもらえないという状況の中で不必要な商品を買わされたと気づいたときは、第1回の支払期日までに、不退去による困惑を理由とする取消権（消費者契約法4条3項）を加盟店に対して行使すれば、カード会社からの請求を拒み、引落しを止めることができる。これが、いわゆる「抗弁の接続」である。

抗弁の接続という仕組みは、支払手段としては例外に属する。したがって、割賦販売法の規定が適用されない場合に、特段の事情がないにもかかわらず一般法理としてこれを認めることはできない（最判平成2・2・20判時1354号76頁）。また、カード保有者は抗弁が主張できるだけであるから、すでに支払ってしまった代金の返還請求は認められない（個別信用購入あつせん（1回の取引ごとに組まれるクレジット）の場合には、原因取引についての不実告知または故意の不告知を理由としてクレジット契約自体の取消しが認められるが（割賦販売法35条の3の13〜35条の3の16）、包括信用購入あつせんの場合には、それに相当する規定がない）。

クレジットカード取引を無因の決済手段とはせず、抗弁の接続が認められている理由は、購入者保護のためと説明されている（前掲最判平成2・2・20）。その前提となっている考え方は、消費者被害を発生させるような悪質な事業者を排除するためには、カード保有者が取引に際して注意を尽くすコストよりも、カード会社が加盟店の選定に際して調査を行うコストの方が小さいというものである。ところが、カード会社の機能が分化し、アクワイアラとイシュアの役割が別の会社によって担われるようになると、抗弁の接続という制度を設けただけでは、悪質な事業者を排除する効果が十分に期待できない。抗弁の接続は、イシュアに原因取引から生ずるリスクを負わせる制度であって、アクワイアラに対しては、インセンティヴとしては働かないから

である。また、翌月一括払い（マンスリークリア）の取引は「包括信用購入あつせん」に該当しないため、そもそも抗弁の接続の制度自体が適用されない。

　そこで、割賦販売法は、アクワイアラと加盟店の間で加盟店契約が締結される際に、加盟店調査を実施しなければならないものとした（割賦販売法35条の17の8第1項、同法施行規則133条の5・133条の6）。この加盟店調査義務を負う主体は、割賦販売法では「クレジットカード番号等取扱契約締結事業者」と定められており、その中には、アクワイアラのほか、決済代行業者（PSP）のうち加盟店の承認権限を持つものも含まれる（割賦販売法35条の17の2）。アクワイアラについては、包括信用購入あつせん業者と二月払い購入あつせん（マンスリークリア）を業とする者の双方を包括する「クレジットカード等購入あつせん業者」という上位概念（同法35条の16第1項参照）で定義されているので、支払方法の選択とは無関係に、クレジットカードを利用する取引全般に関して加盟店調査が行われることになる。

　もっとも、加盟店調査義務は、事前に、加盟店の全般的な状況を調査するものにすぎないから、個別的な包括信用購入あつせん取引（翌月一括払い以外の支払方法によるクレジットカード取引）において、カード保有者がイシュアに対し、原因関係上の抗弁を主張することの意味が失われるわけではない。このとき、国際ブランドのルール上、請求額の支払いを拒否されたイシュアは、アクワイアラに対して、既払いの決済金額の払戻し（チャージバック）を請求できる。そして、チャージバックを受けたアクワイアラは、加盟店規約（**資料8**）の中で、同額の払戻しを請求する権利を留保している（ただし、イシュアとアクワイアラの双方が国内の会社である場合には、チャージバックを排除した取引条件が用いられる例もある。東京地判平成21・11・11判時2073号64頁参照）。

　このような仕組みに合理性があるとすれば、電子マネーや小切手な

どの他の支払手段は、なぜ無因の構成をとっているのかという疑問が生じよう。それは、決済関係に原因取引の瑕疵を反映させるという有因の制度には、かなり大きなコストが伴うからである（実際、クレジットカードの利用に際して加盟店が支払う手数料は、電子マネーに比べて高い）。

クレジットカードの場合にも、カード保有者が主張する抗弁が有効に成立しているか否かを判断するためには、加盟店とカード保有者の双方が主張する内容や事実関係を調査しなければならない。カード会社としては、抗弁を認めなければカード保有者に対する不当利得となる危険があり、抗弁を認めてチャージバックしようとすれば加盟店から争われるリスクを負うが、そのリスクは、システム全体のコストとなって、何のトラブルもなくクレジットカードを利用する一般のカード保有者と加盟店に転嫁されることになる。しかし、クレジットカードの場合には、手持ち資金では購入できないような高額の商品・役務の取引が可能になるため大きな消費者被害を生みやすいといった背景があり、それだけのコストをかけても抗弁の接続を認めて悪質事業者の排除を優先するという政策がとられているのである。

第3節　不正利用

クレジットカードの紛失や盗難の結果、カード保有者以外の者がカードを使用して、商品や役務を購入してしまうことがある。ここでは、そのような場合を「カードの不正利用」と呼ぶ。このとき、商品や役務はすでに不正利用者の手に渡ってしまっているから、結果として発生した損害を誰がどのようにして負担するのかということが問題になる。

現在、日本で使用されているクレジットカード会員規約（例として

資料7）では、不正利用された金額もカード保有者が負担することを原則とした上で、紛失届・盗難届を遅滞なく警察に提出し、かつカード発行会社に紛失・盗難を通知した場合には、不正利用分の請求を免除するという仕組みがとられている。それによる損失の填補のため、カード発行会社は、カード保有者を被保険者とするクレジットカード盗難保険を付保している（そのカード発行会社の会員全体を対象とする包括保険）。保険金額を超える部分については、カード発行会社がリスクとして負担する。カード発行会社は、このリスクをコストとして織り込み、カード保有者の年会費や加盟店の加盟店手数料に転嫁するであろうから、結局のところ、盗難・紛失のリスクは関係者全員によって広く負担されていることになる。統計的に見て、ある程度の不正利用の発生は避けられないと考えるなら、そのようなリスク負担にも合理性があろう。

　会員規約は、例外として、不正利用による代金額をカード保有者に対して免除しない場合をいくつか規定している。その重要なものは、①損害が会員の故意または重大な過失によって発生した場合、②不正利用者がカード保有者の家族である場合、③カード発行会社に対する紛失・盗難の通知よりも61日以前に損害が発生した場合などである

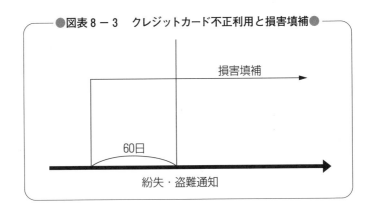

●図表8－3　クレジットカード不正利用と損害填補●

（図表8－3）。カードの管理や紛失・盗難の迅速な発見については、カード保有者がわずかなコストをかければ損害の発生・拡大を防止できる面があり、カード発行会社による填補を通じて関係者全体に転嫁しない方が、適度にそうしたコストをかけるためのインセンティヴになると考えられているのであろう。家族による不正利用も、家族関係の中で抑制できる範囲が大きい（極端な場合には、カード保有者と通謀している可能性さえある）。判例も、会員規約の規定は、全体としてみれば公序良俗に反するものではなく、有効であるとしている（大阪地判平成5・10・18判時1488号122頁）。

　クレジットカードを利用した支払いの際には、売上票への署名が求められてカード上の署名と照合されることになっている（少額の取引やインターネット上での取引などは除かれており、「サインレス」での利用となる）。最近では、暗証番号やセキュリティコードの入力、さらにはカード会社の提供する本人確認システムの利用が求められる場合も多い。しかし、これらは利用額の支払義務がカード保有者に発生するための要件ではなく、加盟店が加盟店契約上の実施義務を負い、カード保有者は会員規約上、受忍義務を負担しているにすぎない。加盟店としては、本人確認を厳格に行うことのコスト（カード保有者の利便性の減少など）と便益を秤にかけて、どのような措置をとるかを決めることになる。

　このとき、どの程度厳しく本人確認を要求するかは、基本的には、カード発行者が決めるべき問題である（実務上は、国際ブランドごとに統一した方針が定められている）。本人確認を厳格に行えば、不正利用のリスクは減らせるが、手書きの署名がカード上の署名と一致しなかったり、暗証番号を忘れたりして、正当な利用者がカードを利用できなくなるという不便さ（コスト）も大きくなる。どこでバランスをとるかは、それぞれのカードが提供するサービスの内容だと言うことができる。そうだとすると、あまりにルーズな運用が行われ、カード

保有者にとって安全な利用環境が提供されていないと判断されるときは、カード保有者に対する売上全額の請求が認められないこともある（名古屋地判平成12・8・29金判1108号54頁は、署名を一見すれば不正利用であることが明らかになったはずであるとの事実認定の下で、請求額の2分の1につきカード発行会社の権利濫用として請求を棄却した）。

　不正利用による損害をカード利用者が負担しない場合に、その損害額をカード発行会社とアクワイアラのどちらが負担するかは、両者間の契約によって定められる。不正利用についてアクワイアラに帰責事由がある場合を除き、カード発行会社が損害を負担すると定めた契約は、有効とされた（東京地判平成21・11・11判時2073号64頁）。加盟店と直接契約関係に立ち、不正利用防止措置の導入を促すことができるのはアクワイアラであるから、不正利用防止措置の水準が著しく低いような場合には、アクワイアラに帰責事由があると解釈するべきであろう。

　なお、クレジットカードをカード保有者以外の者が使用するケースとしては、カード保有者の承諾の下に行われる「名義貸し」も考えられる。その動機としては、加盟店の資金繰りを助ける意図で架空の取引に名義を貸す場合や、本来の購入者が過去に不払いを起こした事故歴があるため自己の名義を使用させる場合などが考えられよう（約束手形と比較すれば、前者は融通手形、後者は自己を示す名称として他人名義を使用した署名に相当する）。会員規約は、他人に対するカードの貸与を禁止した上で、これに違反して他人に使用させたときはカード保有者が支払義務を負い、免除も行わないとしている。しかし、1回ごとのクレジット契約（個品信用購入あつせん）の事案についての裁判例は、加盟店やカード会社が名義貸しに関与している場合に、民法93条但書をカード会社について適用したり（東京高判平成12・9・28判時1735号57頁）、虚偽表示として民法94条を適用したり（長崎地判平成元・6・30判時1325号128頁）することによって、名義貸主の責任を否

定してきたので、クレジットカードの場合にも、同様の解釈がとられる可能性があろう。

　以上のような真正なカードを不正利用する場合と異なり、クレジットカードが偽造された場合には、偽造カード上の名義や磁気データ等がたまたま特定のカード保有者と一致したとしても、その会員が支払義務を負うことはない。もっとも、カード保有者が偽造カードの作出に関与していれば状況は異なり、関与が証明されたカード保有者は責任を負うと規定した会員規約もある。そのような規定がなくとも、無権限の小切手取引の場合と同様に、表見責任（民法110条）や不法行為責任（民法715条）などが問題となるであろう。

第9章 有価証券理論

第9章 有価証券理論

第1節 有価証券の定義

　本書で取り上げた支払・決済手段のうち、手形および小切手は、有価証券である。有価証券については、平成29年改正によって民法に通則的な規定が新設されたので、手形法・小切手法の規定は、その特則ということになる。民法の規定が適用されると想定されている有価証券は、社債券、国立大学法人等債券、社会医療法人債券などであり、支払・決済手段として用いられるものは、ほとんどないと思われる。

　民法の規定は、有価証券についての定義を定めていない。一般的には、有価証券とは、証券に権利を結合させたものであり、そのことによって、権利の所在を目に見える形にして、その流通を促進するための仕組みであると説明される。証券に権利を結合させることを「表章する」と言うが、有価証券に表章される権利は金銭債権に限定されるわけではなく、社員権を表章した証券（株券）や物品引渡請求権を表章した証券（貨物引換証、船荷証券）も有価証券である。

　約束手形の場合には振出人が支払債務を負担しており、また為替手形では支払人が引受けをすれば引受人が確定的に支払債務を負担するので、これらの者に対する手形金請求権が手形上に表章された権利である。引受前の為替手形や小切手においては、絶対的な支払義務者が存在しないため、どのような権利が表章されているのかという疑問があるかもしれないが、従来の学説は、支払人から支払いを受ければそれを受領して保持し続ける権限が表章されていると説明してきた（このような有価証券を権限証券という）。これに加えて、支払人が支払いを拒絶した場合に振出人等に対して遡求する権利が、条件付き権利として表章されていると考える学説もある。

　証券に権利を結合させるということには、二つの意味がある。一つ

第1節　有価証券の定義

は、証券がなければ権利を行使できないという意味であり、いま一つは、証券を所持する者は権利者と推定されるという意味である。

　有価証券の定義について、かつての通説は、「財産的価値のある私権を表章する証券であって、権利の発生・行使・移転の全部または一部が証券によってなされることを要するもの」と考えてきた。これに対しては、「権利の行使および移転が証券によってなされることを要するもの」とか、「権利の移転に証券の引渡を要するもの」という定義の方が正確であるという主張が対立している。見解の大きな対立点は、株券をどのように説明するかというところにある。株券発行会社で株式を譲渡するためには株券の交付が効力要件となるが（会社法128条1項）、株主が会社に対して株主権を行使するためには、株主名簿に記載されなければ株式会社に対して対抗できない（会社法130条2項）。そこで、本来は有価証券の最も中心的な効果であるはずの権利の行使について、常に「証券によってなされることを要する」とは言えないのではないかという点が問題とされてきたのである。これに対しては、株主名簿の書換えに際しては株券の呈示が必要になるので、株主名簿を基準とした権利の行使も、広い意味では証券によってなされるものであるとの反論がある。

　他方で、いずれの見解も、一見すると有価証券に似ているが、その定義から除外されるものがあるということを認めている。たとえば、手荷物預かりの番号札は、番号を照合して引き渡せば債務者（手荷物の受寄者）が免責されるが、番号札を持たずとも別の方法で権利者であると証明すれば権利を行使できるので、免責証券であって有価証券ではないと言われる。また、郵便切手や紙幣は、何からの権利を表章しているのではなくそれ自体が財産的価値を有するので、有価証券ではなく金券であると説明されることもある。プリペイドカードについても、有価証券か金券かという点が、前払式証票の規制等に関する法律の制定時に議論された。

ところが、ある種の決済システムが有価証券か否かを論じても、当事者間のリスク分配の決定には結びつかない。有価証券という概念は、法的な形式にかかわるものであり、決済システムとしての機能を表現していないからである。たとえば、小切手が有価証券であるということには争いがないが、小切手取引の当事者間でどのようにリスクが分配されるかは、それぞれの国の小切手法や契約等のルールによってまったく異なっている。プリペイドカードについても、制度設計に際して、法的性質をめぐる議論は大きな役割を果たさなかったようである。ネットワーク・システム型の支払手段では、リスクの分配は、当事者間の契約（約款）によって決定されるのである。そこで、本書では、有価証券という形式には重きを置かず、決済システムの機能に即してリスク分配のあり方を考えるという立場をとってきた。とはいえ、ある支払・決済手段が「有価証券」であると性質決定されれば、有価証券に関する民法の規定が適用され、特約によって変更されない限りそれがリスク分配の出発点となるので、次節では関連する規定の内容を見ておくことにしよう。

第2節　手形・小切手以外の有価証券

1　有価証券の種類

　民法は、有価証券に関する規定を、指図証券、記名式所持人証券、記名証券、無記名証券に分けて定めている。このうち指図証券、記名証券および無記名証券については、明文の定義規定が置かれていないが、手形や小切手の「指図式」「記名式」「持参人払式」と同じ意味であると解される。

指図証券とは、証券上で、権利者が「＊＊＊またはその指図人」のように記載されており、特定人が権利者として指名されているが、その者が新たな権利者を指名できる有価証券をいう。手形（手形法11条1項参照）はその典型であるが、船荷証券（商法767条、国際海上物品運送法6条）や倉荷証券（商法627条）のように物品引渡請求権を表章した指図証券や、抵当証券（抵当証券法1条）のように被担保債権とともに抵当権を表彰した指図証券もある。

　記名証券とは、権利者として特定人が証券上の記載により指名されている有価証券を言う。裏書を禁止された船荷証券（商法776条・574条但書）などがその例である。

　無記名証券とは証券上に権利者が指名されていない有価証券を言う。権利者の記載がないので、証券の正当な所持人（持参人）に権利の行使が認められる。無記名式の社債券（会社法681条4号・6号）、国立大学法人等債券（国立大学法人法33条1項・2項、国立大学法人法施行令12条）、無記名式の社会医療法人債券（医療法54条の3第1項7号）などがその例である。無記名式の新株予約権（会社法289条）や無記名式の受益証券（信託法185条1項・186条2号）のように、債権以外の権利を表章した無記名証券もある。

　記名式所持人証券は、「債権者を指名する記載がされている証券であって、その所持人に弁済をすべき旨が付記されているもの」と定義されている（改正後民法520条の13）。権利者を「＊＊＊または所持人」などと記載した有価証券のことであり、小切手の場合には、伝統的に「選択持参人払式」と呼ばれてきた（小切手法5条2項）。記名式の社債券や記名式の社会医療法人債券、記名式の新株予約権、記名式の受益証券などは、証券上に権利者が記載されている場合もあるが（たとえば信託法209条1項3号）、交付によって譲渡され、占有者が適法な権利者と推定されるので（会社法255条・258条・687条・689条、医療法54条の7、信託法194条・196条）、民法の規定との関係では、記名式所

持人証券にあたると思われる(いずれにせよ、各根拠法に詳細な特則が定められているので、民法上の分類を論ずることの実益は小さい)。

2 指図証券

指図証券は、現在の権利者が次の権利者を指定(指図)することができる有価証券であるから、その譲渡は、裏書と証券の交付が効力要件となる(改正後民法520条の2)。裏書の方式については、手形法の中で裏書の方式に関する規定が「その指図証券の性質に応じ」準用される(改正後民法520条の3)。具体的に準用される規定は特定されていないが、この規定は平成29年改正前の商法519条を引き継いでいるので、そこに明記されていた手形法12条・13条・14条2項は、少なくとも準用されると思われる。したがって、記名式裏書のほかに白地式裏書(手形法13条2項の準用)や持参人払式の裏書(手形法12条3項の準用)も許容され、その場合には、自己または他人の名称で白地を補充すること、被裏書人を白地にしたままでさらに裏書きをすること、および被裏書人を白地にしたまま証券の交付により譲渡することが可能になる(手形法14条2項の準用)。

裏書によって譲渡されることから、裏書の連続する指図証券の所持人は適法な権利者と推定される(改正後民法520条の4)。そして、裏書の連続する指図証券を善意かつ重大な過失なくして取得した者は、その証券を善意取得する(改正後民法520条の5)。これらの規定は、手形法とまったく同一である。もっとも、それによって、無権限者により指図証券が行使される場合のリスク分配が約束手形と同じになるかどうかは、具体的な事案で「重大な過失」がどのように適用されるかによるので、一概には言えない。

原因関係上の抗弁に関するリスク分配については、「その証券に記載した事項」および「その証券の性質から当然に生ずる結果」を除

き、指図証券の譲受人が善意であれば抗弁が切断される（改正後民法520条の6）。手形と異なり、船荷証券や倉荷証券のように債務の内容（引き渡されるべき運送品の状態）が証券上に記載される指図証券もあり（国際海上物品運送法7条1項3号参照）、その場合には、記載の内容に基づく抗弁を善意の譲受人に対しても対抗することができる。また、船荷証券や倉荷証券は、物品運送契約や倉庫寄託契約という原因取引が有効に存在しないときは無効となる証券（いわゆる有因証券）であるから、原因取引の不存在は「その証券の性質から当然に生ずる結果」として、善意の証券譲受人に対しても主張することができる。なお、ここに言う「善意」が手形法17条の「債務者を害することを知りて」と同じように解釈されるかどうかは、文言だけからは明らかではないし（電子記録債権法20条1項参照）、必ずしも同一に解釈されなければならないものではないであろう。

　指図証券の譲渡に関する以上の規定は、質権の設定にも準用される（改正後民法520条の7）。手形のような質入裏書の制度は、特に設けられていない。

　指図証券の弁済は、特約がない限り、債務者の現在の住所で履行しなければならない（改正後民法520条の8）。そして、期限の定めがあるときでも期限の到来によって当然に遅滞となるのではなく、所持人が証券を提示して履行を請求した時から遅滞の責任が発生する（改正後民法520条の9）。権利者が証券上の指図（裏書）によって決定されるというオープン・ループの仕組みから、債務者は、提示を受けて履行を請求されるまで、誰が権利者かを知ることができないためである。また、債務者による権利者の判定について、手形法とまったく同様に、指図証券の所持人に対して弁済した債務者は、裏書および押印の真偽について善意かつ無重過失であれば、その所持人が有効な債権者ではなかった場合にも免責される（改正後民法520条の10）。文言上は、署名および押印の真偽について調査義務を負わないと規定されて

いるが、重大な過失があれば免責にならないという限りで、一定の注意義務を債務者にも負わせるリスク分配になっている。

3 記名式所持人証券・無記名証券

　記名式所持人証券では、権利者が証券上に記載されているが、債務者は所持人に対して債務を履行することになるので、無記名証券と同じことになる。民法も、無記名証券について包括的に記名式所持人証券の規定を準用している（改正後民法520条の20）。そこで、両者を併せて以下に説明する。

　記名式所持人証券および無記名証券は、証券上の記載から現在の権利者が特定できないので、証券の交付が譲渡の効力要件となり（改正後民法520条の13）、証券の所持（占有）によって適法な権利者であることが推定される（改正後民法520条の14）。したがって、証券を所持している者が権利者であると信じて証券を取得した者が善意かつ無重過失であれば、証券の善意取得が成立する（改正後民法520条の15）。指図証券の場合と同様に、証券の性質や取引実態に応じて重過失の有無が判断されるはずであり、実質的なリスク分配のルールはその内容によって決定される。

　原因関係上の抗弁に関するリスク分配についても、指図証券の場合と同様に、記名式所持人証券または無記名証券に「記載した事項」および「その証券の性質から当然に生ずる結果」を除き、譲受人が善意であれば抗弁が切断される（改正後民法520条の16）。社債券や新株予約権証券は、証券の交付が譲渡の効力要件となるので（会社法255条・687条）、「記名式」であれば記名式所持人証券、「無記名式」であれば無記名証券であるが、社債や新株予約権の内容は、その性質から当然に生ずる結果として、取得者を常に拘束する。

　記名式所持人証券または無記名証券の譲渡に関する以上の規定は、

指図証券の場合と同様に、質入れにも準用される（改正後民法520条の17）。また、弁済の履行や善意弁済者の免責についても、指図証券の該当する規定が準用される（改正後民法520条の18）。

4 記名証券

記名式所持人証券ではない記名証券は、権利者が証券上の記載によって特定されており、変動することがない。そこで、記名証券の譲渡は、裏書禁止手形の譲渡（手形法11条2項）と同様に、債権譲渡・債権質の設定に関する方式に従うことを要する。その結果、債務者に対する通知または債務者の承諾が対抗要件となり、債務者以外の第三者との関係では、通知・承諾が確定日付のある証書によるものでなければ対抗できない（改正後民法467条）。ただし、債権の譲渡人が法人であり、債権が金銭の支払いを目的とするものである場合には、債権譲渡登記によって確定日付と同等の効力が確保される（動産・債権譲渡特例法4条1項）。また、記名証券の譲渡・質入れの効力も、債権譲渡・債権質の設定の効力と同一とされる（改正後民法520条の19）。

このように、記名証券については、債権一般に対する特則と呼べる内容はほとんど定められていないが、記名証券を喪失した場合には、他の有価証券と同様に、公示催告手続により無効とすることができる（改正後民法520条の19第2項・520条の11）。

第3節　除権決定

手形、小切手などの有価証券（改正後民法では指図証券、記名式所持人払証券、その他の記名証券および無記名証券）を喪失（盗難・紛失・滅失）した場合は、その証券を無効と宣言するため、「有価証券無効宣

言公示催告事件」の手続を利用することができる（民法施行法57条。改正後民法520条の11・520条の18・520条の19第2項・520条の20）。手形や小切手が盗難に遭った場合など、実際にもよく利用されている。

　手形や小切手を喪失しても、善意取得者が現れるまでは、証券上の権利を失うわけではない。しかし、権利行使に必要な形式的資格を欠いた状態で、自己が権利者であることや、他に権利者がないこと（善意取得した者がいないこと）を証明しようとしても、きわめて難しい。そこで、証券を有効に取得して権利者となった者の有無を確認し、そうした者が現れなかったときは証券を無効にするための手続が必要になるのである。権利者の有無の確認は公示催告の方法により、非訟事件として行われる。

　証券を盗難・紛失・滅失等により失った権利者（無記名式証券または白地式裏書がなされた指図証券の場合は最終の所持人、その他の有価証券の場合は実質的な権利者）は、有価証券無効宣言公示催告事件の申立てをすることができる（非訟事件手続法114条）。事件の管轄は、手形・小切手の場合は証券上に記載された支払地を管轄する簡易裁判所である（非訟事件手続法115条1項）。申立ての中では、有価証券を特定するために必要な事項を明らかにするとともに、申立てができる理由を疎明しなければならない（非訟事件手続法116条）。前者のためには手形要件・小切手要件のすべてが必要とされる。後者は、警察の発行する盗難届証明書・罹災証明書等の提出によって行う。

　申立てを受けた簡易裁判所は、権利を争う旨の申述を期間内に行うように促す「公示催告」を行う（非訟事件手続法117条）。その方法としては、裁判所の掲示場に掲示し、かつ官報に掲載する（非訟事件手続法102条1項）。公示催告の期間は2カ月以上でなければならない（非訟事件手続法103条）。

　公示催告に応じて権利を争う者が現れれば、申立人との間で訴訟等の手続に移行するであろうが、権利を争う者がなければ裁判所により

除権決定が行われる（非訟事件手続法106条）。除権決定の効果は、一方では、有価証券を無効として、証券を占有する者から形式的資格を奪うとともに、他方では、申立人に有価証券の所持人と同等の形式的資格（権利推定の効力）を与えるというものである（非訟事件手続法118条）。逆に言えば、除権決定を得たからといって、申立ての時点で持っていなかった権利を申立人が取得するわけではなく、それ以前に善意取得が成立していれば、その効力は覆らない（最判平成13・1・25民集55巻1号1頁・商判Ⅶ－31事件）。公示催告期間中に善意取得が成立した場合も、同じく善意取得が優先すると解されている。なお、有価証券が金銭その他の物または有価証券の給付請求権を表章している場合、除権決定前の公示催告期間中に履行期が到来したら、公示催告の申立人は、目的物の供託を請求すること、または担保を提供した上で履行を請求することができる（商法518条。改正後民法520条の12・520条の18・520条の19第2項・520条の20）。

　以上のような手続は、証券と権利が結合しているという有価証券の概念を前提として、その結合を解くという考え方で作られている。しかし、有価証券については、このような手続が不可欠であるかといえば、そうではないと思われる。たとえば、善意取得をあまり広く認めないような制度を前提とすれば、喪失した証券の流通を阻止する必要性は乏しく、支払いの差止めができれば十分であろう。ここでも、制度設計の本質は当事者間でどのようにリスクを分配するかという点にあり、証券と権利の結合という形式（法技術）ではないのである。

資　料

1	カード利用約款（電子マネー）例	206
2	カード規定試案	213
3	振込規定	218
4	当座勘定規定	223
5	小切手用法	228
6	約束手形用法	229
7	クレジットカード会員規約例	230
8	クレジットカード加盟店規約例	239

資料

1　カード利用約款（電子マネー）例

〔東日本旅客鉄道株式会社Suica電子マネー取扱規則〕

（この規則の目的）
　第1条　この規則は、東日本旅客鉄道株式会社（以下、「当社」といいます。）が、Suica電子マネーの利用者に提供する加盟店におけるサービスの内容と、利用者がそれらを受けるための条件を定めることを目的とします。

（適用範囲）
　第2条　加盟店での商品購入等にかかわるSuica電子マネーの取扱いについては、この規則の定めるところによります。
　2．ICカード等による前項以外のサービス等にかかわる取扱いについては、「東日本旅客鉄道株式会社ICカード乗車券取扱規則（平成13年10月東日本旅客鉄道株式会社公告第24号）」（以下、「ICカード乗車券取扱規則」といいます。）その他ICカード等の発行事業者が別に定めるものによります。

（用語の定義）
　第3条　この規則における主な用語の定義は、次に定めるとおりとします。
　(1)　「Suica電子マネー」とは、発行者がICカード等に記録される金額に相当する対価を得て、当社の定める方法でICカード等に記録した金銭的価値をいいます。
　(2)　「ICカード等」とは、利用者がSuica電子マネーを記録・利用するための、ICチップを内蔵する別表第1号のサービスマークの付されたカード等の情報記録媒体をいいます。
　(3)　「発行者」とは、当社又は当社がSuica電子マネーの発行者として指定する会社若しくは組織をいいます。
　(4)　「利用者」とは、本規則に同意し、Suica電子マネーを利用する方をいいます。
　(5)　「チャージ」とは、当社の定める方法でICカード等にSuica電子マネーを積み増しすることをいいます。
　(6)　「端末」とは、当社の定める仕様に合致し、Suica電子マネーの読取り、引去り及び当社が特に認めた場合は書込みをすることができる機

(7) 「移転」とは、ネットワーク、端末等を媒介することにより、ICカード等に記録されている一定額のSuica電子マネーを引き去り、発行者の電子計算機、ICカード等又は加盟店の端末に同額のSuica電子マネーが積み増しされることをいいます。

(8) 「加盟店」とは、当社がSuica電子マネーに係る加盟店として指定した店舗等であって、Suica電子マネーの利用により、利用者に商品等を提供するものをいいます。当社が、Suica電子マネーの利用により、利用者に商品等を提供する場合においては、当社も加盟店にあたるものとみなします。

(9) 「電子マネー取引」とは、利用者が加盟店より、物品、サービス、権利、ソフトウエア等の商品又は役務（以下、「商品等」といいます。）を購入し又は提供を受ける際に、金銭等に代えてSuica電子マネーを加盟店の端末又は発行者の電子計算機に移転して商品等の代金を支払う取引をいいます。

(10) 「加盟店の端末」とは、当社から加盟店に設置及び利用が許され、かつ加盟店が当社のために管理する端末をいいます。

（加盟店でのSuica電子マネーのご利用）

第4条 当社が指定する加盟店は、別表第1号のSuica電子マネーのサービスマークを掲示するものとします。利用者は、かかる加盟店で、Suica電子マネーを利用して電子マネー取引を行うことができるものとします。

2．前項の定めにかかわらず、インターネット上の加盟店における商品等の購入については、ICカード等のうち、携帯電話機及び当社の定める特定の記録媒体（以下、「携帯電話等」といいます。）のみにより、Suica電子マネーを利用することができるものとします。

3．前2項の定めにかかわらず、利用者は、1回の電子マネー取引につき2枚以上のICカード等を同時に使用することはできません。

4．利用者は、加盟店において、電子マネー取引を行うに際し、Suica電子マネーをその利用可能残高の範囲内で、発行者及び加盟店が定める方法により利用することができるものとします。

5．第1項の場合、利用者のICカード等から当該加盟店の端末に、商品等の代金額に相当するSuica電子マネーの移転が完了したときに、利用者の当該加盟店に対する代金債務が消滅し、同額の金銭の支払いがなされたものとします。

6．第2項の場合、利用者が当社の電子計算機にSuica電子マネーの移転を完了させるために携帯電話機等の操作を行い、携帯電話機等における当該処理が完了した時をもって、利用者の当該加盟店に対する代金債務が消滅し、同額の金銭の支払いがなされたものとします。

7．商品等の代金額及びSuica電子マネーの残高は、Suica電子マネーの移転が完了した時点で、加盟店の端末又は携帯電話等に表示され、利用者は、当該代金表示金額及びSuica電子マネーの残高表示金額に誤りのない事を確認するものとします。なお、その場で異議の申し出がなかった場合は、利用者は当該電子マネー取引が正当に完了したことを了承したものとみなします。

8．当社及び発行者は、利用者が加盟店から購入し又は提供を受けた商品等の瑕疵、欠陥、その他利用者と加盟店との間に生じる取引上の一切の問題について、責任を負わないものとします。

（前条のご利用後に生じた事由）

第5条　前条に従ったSuica電子マネーの移転がなされた後、利用者と加盟店との間で、Suica電子マネー移転の原因となった行為に無効、取消し、解除その他いかなる事由が生じた場合であっても、当該Suica電子マネーの返還はできません。

（Suica電子マネーが利用できない場合）

第6条　利用者には、以下の各号に定める場合においては、第4条に基づくご利用ができないことをあらかじめご承認いただきます。

(1) 利用者のICカード等に記録保存されていたSuica電子マネーが、変造又は不正に作成されたものである場合。

(2) システムの通信時、又はシステムの保守管理等のために利用の制限又は停止が必要な場合。

(3) システムの障害時、ICカード等若しくは端末の破損又は電磁的影響その他の事由によるSuica電子マネーの破壊若しくは消失、その他の事由による端末の使用不能の場合。

(4) ICカード等が不正乗車の手段としての使用その他の不正使用又はその未遂等の理由により、ICカード等の発行事業者が別に定めるものに従って、無効となり回収された場合。

(5) ICカード等の発行事業者の定めるものに加えて、Suica電子マネーの利用又はSuica電子マネーのチャージのいずれかの取扱いを行った日の翌日を起算として、当社の定める一定期間これらの取り扱いが行

われなかった場合。ただし、発行者が別に定めるところにより発行する記名人式のICカード等に限ります。
(6) 電子マネー取引に際し、Suica電子マネーのチャージと移転をみだりに複数回繰り返す場合。
(7) その他やむを得ない事由のある場合。

(取扱対象外商品等)
第7条 当社が別途定める有価証券、金券等の商品については、電子マネー取引はできません。

(制限責任)
第8条 Suica電子マネーを利用することができないことにより、利用者に生じた不利益又は損害については、当社又は発行者はその責任を負わないものとします。

(規則の変更)
第9条 当社は、本規則を変更することができるものとします。
2．本規則を変更する場合、当社はあらかじめ利用者に対して当社所定の方法により変更内容を告知するものとします。当該告知後、利用者がSuica電子マネーを購入又は使用したときは、当社は利用者が当該変更内容を承認したものとみなします。

別表第1号（第3条、第4条）
ICカード等及び加盟店に対する表示

（2011年12月1日現在）

（参考）東日本旅客鉄道株式会社ICカード乗車券取扱規則

第1編　総則（抄録）

（この規則の目的）

第1条　この規則は、東日本旅客鉄道株式会社（以下「当社」といいます。）が、ICチップを内蔵するカード等に記録された金銭的価値等（以下「Suica」といいます。）の利用者に提供するサービスの内容とその利用条件を定め、もって利用者の利便性向上を図ることを目的とします。

（適用範囲）

第2条　Suicaによるサービスについては、この規則の定めるところによります。

2．この規則が改定された場合、以後のSuicaによるサービスについては、当該改定された規則の定めるところによります。

3．第4条、第6条、第8条、第9条、第10条第2項、第11条、第15条、第16条第1項から第4項、第17条、第43条、第44条及び第46条に定める事項については、この規則によらない場合があります。

4．加盟店での商品購入等にかかわるSuica電子マネーの取扱いについては、「東日本旅客鉄道株式会社Suica電子マネー取扱規則」（平成16年3月東日本旅客鉄道株式会社公告第34号。）等の定めるところによります。

5．この規則に定めていない事項については、別に定めるものによります。

（用語の定義）

第3条　この規則における主な用語の定義は、次の各号に掲げるとおりとします。

(1)　「記名Suica」とは、Suicaのうち個人を特定する氏名、性別、生年月日等の情報が記録されたSuicaをいいます。

(2)　「無記名Suica」とは、前号以外のSuicaをいいます。

(3)　「小児用Suica」とは、小児の利用に供する記名Suicaをいいます。

(4)　「Suica媒体」とは、Suicaとして使用できる当社所定の情報記録媒体をいいます。

(5)　「SF」とは、当社が相当の対価を得て、Suicaに記録した金銭的価値をいいます。

(6)　「チャージ」とは、当社の定める方法でSuicaにSFを積み増しすることをいいます。

(7) 「デポジット」とは、当社が利用者にSuica媒体を貸与するに際し、貸与終了時に返却することを条件に収受する金銭をいいます。
(以下略)

2．(略)

(契約の成立時期)
　第4条　本規則に基づくSuicaに係る契約の成立時期は、当社が旅客にSuicaを交付したときとします。

(Suicaカードの貸与及び所有権)
　第5条　利用者からSuicaの利用の申込みがあった場合は、当社は、Suicaとして使用できる当社所定のカード型情報記録媒体（以下「Suicaカード」といいます。）を利用者に貸与します。
　2．前項の場合、Suicaカードの所有権は当社に帰属します。
　3．前2項の場合、利用者は、Suicaカードが不要となったとき又はICカード乗車券が無効となったとき若しくはその使用資格を失ったときは、当該Suicaカードを当社に返却しなければなりません。

(チャージ)
　第12条　Suicaには、Suicaの処理が可能な自動券売機（指定席券売機を除く。）及び多機能券売機（以下これらを「乗車券類発売機」といいます。）、のりこし精算機及びのりつぎ精算機（以下これらを「自動精算機」といいます。）等によってチャージすることができます。ただし、Suica 1枚あたりのSFの残額は20,000円を超えることはできません。

(払いもどし)
　第15条　Suicaが不要となった場合は、利用者は当社が指定する駅にSuicaカードを返却し、SF残額（10円未満のは数がある場合は、10円単位に切り上げた額。以下本条において同じ。）を一括して払いもどしの請求をすることができます。この場合、Suica 1枚につき手数料として220円（SF残額が220円に満たない場合はその額）を支払うものとします。
　2．記名Suicaの払いもどしは、別に定める申込書の提出及び公的証明書等の提示により払いもどしを請求する利用者が当該記名Suicaの記名人本人であることを証明した場合に取り扱います。
(以下略)

(紛失再発行)
　第16条　記名Suicaの記名人が当該記名Suicaを紛失した場合は、次の各号の条件を満たすときに限って、当社は記名人の再発行の請求に基づいて、

請求日翌日の窓口営業開始時間までに紛失した記名Suicaの使用停止措置を行い、14日以内に再発行を行います。ただし、当該記名Suicaに発売したSuica特別車両券がある場合は、当該Suica特別車両券の再発行は行いません。

⑴ 再発行の請求に際して、記名人が別に定める申込書をSuicaを取り扱う駅に提出し、かつ公的証明書等を呈示して当該記名Suicaの記名人本人であることを証明できること

⑵ 再発行する記名Suicaの引取りに際して、前項の手続きを行った記名人が記名Suicaの再発行を行う駅に公的証明書等を呈示し、当該記名Suicaの記名人本人であることを証明できること

⑶ 記名人の氏名、生年月日、性別の情報が当社のシステムに登録されていること

2．当社は、前項により再発行する記名Suica1枚につき紛失再発行手数料510円を現金で収受します。また、第6条第1項に規定するデポジットを収受します。

3．当社が、記名Suicaの再発行の請求を受け付けた後、利用者はこれを取り消すことはできません。

4．第1項に規定した期間内に、再発行するSuicaの引取りが行われない場合、当社は、当該請求に基づくSuicaの交付は行いません。

5．利用者は、第11条第1項の規定により失効したSuicaの再発行の請求はできません。

6．記名Suicaの使用停止措置を行った場合、当該措置を行った記名Suicaを利用者が再び利用することはできません。また、この場合、再発行する記名Suicaの交付を受けない限り、利用者は、使用停止措置を行った記名Suicaで受けていたいずれのサービスも受けることができません。

7．無記名Suicaについては、いかなる場合においても、第1項の規定による紛失再発行及び使用停止措置の取扱いを行いません。

（以下略）

（2016年3月26日現在）

2　カード規定試案

1．（カードの利用）

　普通預金（総合口座取引の普通預金を含みます。以下同じです。）について発行した○○○○カードおよび貯蓄預金について発行した○○○○カード（以下これらを「カード」といいます。）は、それぞれ当該預金口座について、次の場合に利用することができます。

　① 当行の現金自動預金機（現金自動預入払出兼用機を含みます。以下「預金機」といいます。）を使用して普通預金または貯蓄預金（以下これらを「預金」といいます。）に預入れをする場合

　② 当行および当行がオンライン現金自動支払機の共同利用による現金支払業務を提携した金融機関等（以下「提携先」といいます。）の現金自動支払機（現金自動預入払出兼用機を含みます。以下「支払機」といいます。）を使用して預金の払戻しをする場合

　③ 当行の自動振込機（振込を行うことができる現金自動預入払出兼用機を含みます。以下「振込機」といいます。）を使用して振込資金を預金口座からの振替により払戻し、振込の依頼をする場合

　④ その他当行所定の取引をする場合

2．（預金機による預金の預入れ）

　(1) **預金機を使用して預金に預入れをする場合には、預金機の画面表示等の操作手順に従って、預金機にカードまたは通帳を挿入し、現金を投入して操作してください。**

　(2) 預金機による預入れは、預金機の機種により当行所定の種類の紙幣および硬貨に限ります。また、１回あたりの預入れは、当行所定の枚数による金額の範囲内とします。

　(3) 当該預金口座について初めてカードによる預入れがあった場合には、「○○○○現金自動預金機専用通帳」の発行の申込みがあったものとし、同通帳を発行しますので、「○○○○ご利用明細」を綴り込んで保管してください。

3．（支払機による預金の払戻し）

　(1) **支払機を使用して預金の払戻しをする場合には、支払機の画面表示等の操作手順に従って、支払機にカードを挿入し、届出の暗証および金額を正確に入力してください。この場合、通帳および払戻請求書の提出は**

必要ありません。
(2) 支払機による払戻しは、支払機の機種により当行または提携先所定の金額単位とし、1回あたりの払戻しは、当行または提携先所定の金額の範囲内とします。なお、1日あたりの払戻しは当行所定の金額の範囲内とします。
(3) 支払機を便用して預金の払戻しをする場合に、払戻請求金額と第5条第1項に規定する自動機利用手数料金額および同条第2項に規定する払戻回数超過手数料金額との合計額が払戻すことのできる金額をこえるときは、その払戻しはできません。

4．(振込機による振込)
　振込機を使用して振込資金を預金口座からの振替えにより払戻し、振込の依頼をする場合には、振込機の画面表示等の操作手順に従って、振込機にカードを挿入し、届出の暗証その他の所定の事項を正確に入力してください。この場合における預金の払戻しについては、通帳および払戻請求書の提出は必要ありません。

5．**(自動機利用手数料等)**
(1) 支払機または振込機を使用して預金の払戻しをする場合には、当行および提携先所定の支払機・振込機の利用に関する手数料(以下「自動機利用手数料」といいます。)をいただきます。
(2) 支払機または振込機を使用して貯蓄預金の払戻しをする場合(第7条第2項により当行本支店の窓口でカードにより貯蓄預金の払戻しをする場合を含みます。)、当該貯蓄預金の払戻し(通帳および払戻請求書の提出による払戻しを含みます。)が毎月1日から月末日までの1か月間に〇回をこえるときは、その回数をこえるそれぞれの払戻しについて、貯蓄預金規定に定める払戻回数超過手数料をいただきます。
(3) 自動機利用手数料または払戻回数超過手数料は、預金の払戻し時に、通帳および払戻請求書なしで、その払戻しをした預金口座から自動的に引落します。なお、提携先の自動機利用手数料は、当行から提携先に支払います。
(4) 振込手数料は、振込資金の預金口座からの払戻し時に、通帳および払戻請求書なしで、その払戻しをした預金口座から自動的に引落します。

6．**(代理人による預金の預入れ・払戻しおよび振込)**
(1) 代理人(本人と生計をともにする親族〇名に限ります。)による預金の預入れ・払戻しおよび振込の依頼をする場合には、本人から代理人の

氏名、暗証を届出てください。この場合、当行は代理人のためのカードを発行します。
(2) 代理人カードにより振込の依頼をする場合には、振込依頼人名は本人名義となります。
(3) 代理人のカードの利用についても、この規定を適用します。

7．（預金機・支払機・振込機故障時等の取扱い）

(1) 停電、故障等により預金機による取扱いができない場合には、窓口営業時間内に限り、当行本支店の窓口でカードにより預金に預入れをすることができます。
(2) 停電、故障等により当行の支払機による取扱いができない場合には、窓口営業時間内に限り、<u>当行が支払機故障時等の取扱いとして定めた金額を限度として</u>当行本支店の窓口でカードにより預金の払戻しをすることができます。なお、提携先の窓口では、この取扱いはしません。
(3) 前項による払戻しをする場合には、当行所定の払戻請求書に<u>氏名、金額および届出の暗証</u>を記入のうえ、カードとともに提出してください。
(4) 停電、故障等により振込機による取扱いができない場合には、窓口営業時間内に限り、前２項によるほか振込依頼書を提出することにより振込の依頼をすることができます。

8．（カードによる預入れ、払戻し金額等の通帳記入）

カードにより預入れた金額、払戻した金額、<u>自動機利用手数料金額</u>、振込手数料金額または払戻回数超過手数料金額の通帳記入は、通帳が<u>預金機、振込機、当行の支払機もしくは当行の通帳記帳機で使用された場合または当行本支店の窓口に提出された場合に行います</u>。また、窓口でカードにより取扱った場合にも同様とします。<u>なお、払戻した金額と自動機利用手数料金額、払戻回数超過手数料金額および振込手数料金額は合計額をもって通帳に記入します。</u>

9．（カード・暗証の管理等）

(1) 当行は、支払機または振込機の操作の際に使用されたカードが、当行が本人に交付したカードであること、および入力された暗証と届出の暗証とが一致することを当行所定の方法により確認のうえ預金の払戻しを行います。<u>当行の窓口においても同様にカードを確認し、払戻請求書、諸届その他の書類に使用された暗証と届出の暗証との一致を確認のうえ取扱いをいたします。</u>
(2) **カードは他人に使用されないよう保管してください。暗証は生年月**

日・電話番号等の他人に推測されやすい番号の利用を避け、他人に知られないよう管理してください。カードが、偽造、盗難、紛失等により他人に使用されるおそれが生じた場合または他人に使用されたことを認知した場合には、すみやかに本人から当行に通知してください。この通知を受けたときは、直ちにカードによる預金の払戻し停止の措置を講じます。

(3) カードの盗難にあった場合には、当行所定の届出書を当行に提出してください。

10. (偽造カード等による払戻し等)

偽造または変造カードによる払戻しについては、本人の故意による場合または当該払戻しについて当行が善意かつ無過失であって本人に重大な過失があることを当行が証明した場合を除き、その効力を生じないものとします。

この場合、本人は、当行所定の書類を提出し、カードおよび暗証の管理状況、被害状況、警察への通知状況等について当行の調査に協力するものとします。

11. (盗難カードによる払戻し等)

(1) カードの盗難により、他人に当該カードを不正使用され生じた払戻しについては、次の各号のすべてに該当する場合、本人は当行に対して当該払戻しにかかる損害(手数料や利息を含みます。)の額に相当する金額の補てんを請求することができます。

① カードの盗難に気づいてからすみやかに、当行への通知が行われていること

② 当行の調査に対し、本人より十分な説明が行われていること

③ 当行に対し、警察署に被害届を提出していることその他の盗難にあったことが推測される事実を確認できるものを示していること

(2) 前項の請求がなされた場合、当該払戻しが本人の故意による場合を除き、当行は、当行へ通知が行われた日の30日(ただし、当行に通知することができないやむを得ない事情があることを本人が証明した場合は、30日にその事情が継続している期間を加えた日数とします。)前の日以降になされた払戻しにかかる損害(手数料や利息を含みます。)の額に相当する金額(以下「補てん対象額」といいます。)を補てんするものとします。

ただし、当該払戻しが行われたことについて、当行が善意かつ無過失

であり、かつ、本人に過失があることを当行が証明した場合には、当行は補てん対象額の4分の3に相当する金額を補てんするものとします。

(3) 前2項の規定は、第1項にかかる当行への通知が、盗難が行われた日（当該盗難が行われた日が明らかでないときは、当該盗難にかかる盗難カード等を用いて行われた不正な預金払戻しが最初に行われた日。）から、2年を経過する日後に行われた場合には、適用されないものとします。

(4) 第2項の規定にかかわらず、次のいずれかに該当することを当行が証明した場合には、当行は補てん責任を負いません。
　① 当該払戻しが行われたことについて当行が善意かつ無過失であり、かつ、次のいずれかに該当する場合
　　A　本人に重大な過失があることを当行が証明した場合
　　B　本人の配偶者、二親等内の親族、同居の親族、その他の同居人、または家事使用人（家事全般を行っている家政婦など。）によって行われた場合
　　C　本人が、被害状況についての当行に対する説明において、重要な事項について偽りの説明を行った場合
　② 戦争、暴動等による著しい社会秩序の混乱に乗じまたはこれに付随してカードが盗難にあった場合

12. （カードの紛失、届出事項の変更等）
　　カードを紛失した場合または氏名、代理人、暗証その他の届出事項に変更があった場合には、直ちに本人から当行所定の方法により当行に届出てください。

13. （カードの再発行等）
(1) カードの盗難、紛失等の場合のカードの再発行は、当行所定の手続をした後に行います。この場合、相当の期間をおき、また保証人を求めることがあります。
(2) カードを再発行する場合には、当行所定の再発行手数料をいただきます。

14. （預金機・支払機、振込機への誤入力等）
　　預金機・支払機・振込機の使用に際し、金額等の誤入力により発生した損害については、当行は責任を負いません。なお、提携先の支払機を使用した場合の提携先の責任についても同様とします。

15. （解約、カードの利用停止等）

資料

(1) 預金口座を解約する場合またはカードの利用を取りやめる場合には、そのカードを当店に返却してください。なお、当行普通預金規定または貯蓄預金規定により、預金口座が解約された場合にも同様に返却してください。
(2) カードの改ざん、不正使用など当行がカードの利用を不適当と認めた場合には、その利用をおことわりすることがあります。この場合、当行からの請求がありしだい直ちにカードを当店に返却してください。
(3) 次の場合には、カードの利用を停止することがあります。この場合、<u>当行の窓口において当行所定の本人確認書類の提示を受け、</u>当行が本人であることを確認できたときに停止を解除します。
　① 第16条に定める規定に違反した場合
　② 預金口座に関し、最終の預入れまたは払戻しから当行が別途表示する一定の期間が経過した場合
　③ **カードが偽造、盗難、紛失等により不正に使用されるおそれがあると当行が判断した場合**

16．（譲渡、質入れ等の禁止）
　カードは譲渡、質入れまたは貸与することはできません。
17．（規定の適用）
　この規定に定めのない事項については、当行普通預金規定、総合口座取引規定、貯蓄預金規定および振込規定により取扱います。
　（注）規定中ゴチック体により表示した部分は利用者にとって特に重要と思われる事項である。また、アンダーラインを付した部分は銀行によって特に取扱いが異なるとみられる事項である。

（全国銀行協会）

3　振込規定

1．（適用範囲）
　振込依頼書または当行の振込機による当行または他の金融機関の国内本支店にある受取人の預金口座あての振込については、この規定により取扱います。
2．（振込の依頼）
(1) 振込依頼書による振込の依頼は、次により取扱います。

① 振込の依頼は窓口営業時間内に受付けます。
② **振込依頼書は、当行所定の振込依頼書を使用し、振込先の金融機関・店舗名、預金種目・口座番号、受取人名、振込金額、依頼人名、依頼人の住所・電話番号その他の所定の事項を正確に記入してください。**なお、預金種目・口座番号が不明な場合には、窓口に相談してください。
③ 当行は振込依頼書に記載された事項を依頼内容とします。
(2) 振込機による振込の依頼は、次により取扱います。
① 振込機は当行所定の時間内に利用することができます。
② <u>1回および1日あたりの振込金額は、当行所定の金額の範囲内とします。</u>
③ **振込機の画面表示等の操作手順に従って、振込先の金融機関・店舗名、預金種目・口座番号、受取人名、振込金額その他の所定の事項を正確に入力してください。振込資金が現金の場合には、依頼人名およびその電話番号も正確に入力してください。**
④ 当行は振込機に入力された事項を依頼内容とします。
(3) 前2項に定める依頼内容について、振込依頼書の記載の不備または振込機への誤入力があったとしても、これによって生じた損害については、当行は責任を負いません。
(4) 振込の依頼にあたっては、振込資金、<u>振込手数料その他この取引に関連して必要となる手数料（以下「振込資金等」といいます。）</u>を支払ってください。

3．(振込契約の成立)

(1) 振込依頼書による場合には、振込契約は、当行が振込の依頼を承諾し<u>振込資金等</u>を受領した時に成立するものとします。
(2) 振込機による場合には、振込契約は、当行がコンピュータ・システムにより振込の依頼内容を確認し<u>振込資金等</u>の受領を確認した時に成立するものとします。
(3) 前2項により振込契約が成立したときは、当行は、依頼内容を記載した<u>振込資金受取書、振込受付書、利用明細票または振込通帳等（以下「振込資金受取書等」といいます。）</u>を交付しますので、依頼内容を確認してください。この<u>振込資金受取書等</u>は、契約の成立を証明する書類となりますので、大切に保管してください。

4．(振込通知の発信)

(1)　振込契約が成立したときは、当行は、依頼内容にもとづいて、振込先の金融機関あてに次により振込通知を発信します。
   ①　電信扱いの場合には、依頼日当日に振込通知を発信します。ただし、窓口営業時間終了間際、振込事務の繁忙日等やむをえない事由がある場合には、依頼日の翌営業日に振込通知を発信することがあります。
   ②　文書扱いの場合には、依頼日以後○営業日以内に振込通知を発信します。
  (2)　窓口営業時間終了後および銀行休業日に振込機による振込の依頼を受付けた場合には、前項の規定にかかわらず、電信扱いのときは依頼日の翌営業日に、また、文書扱いのときは依頼日の翌営業日以後○営業日以内に振込通知を発信します。

5．(証券類による振込)
  (1)　当行以外の金融機関にある受取人の預金口座への振込の依頼を受ける場合には、小切手その他の証券類による振込資金等の受入れはしません。
  (2)　当行の国内本支店にある受取人の預金口座への振込の依頼を受ける場合に、当行が振込資金等とするために小切手その他の証券類の受入れを認めたときは、その旨を表示した振込資金受取書等を交付するとともに、証券類受入れの旨を表示した振込通知をその決済確認前に発信します。なお、証券類の決済を確認した後に振込通知を発信することもあります。
  (3)　前項により受入れた証券類が不渡りとなった場合には、直ちにその旨を通知するとともに、決済確認前に振込通知を発信しているときは、それを取消します。この場合には、あらかじめ書面による依頼を受けたものにかぎり、その証券類について権利保全の手続をします。
  (4)　不渡りとなった証券類は、取扱店で返却しますので、当行所定の受取書に記名押印のうえ、振込資金受取書等とともに提出してください。この場合、当行所定の本人確認資料または保証人を求めることがあります。
  (5)　提出された振込資金受取書等を当行が交付したものであると相当の注意をもって認めたうえ、その証券類を返却したときは、これによって生じた損害については、当行は責任を負いません。

6．(取引内容の照会等)
  (1)　**受取人の預金口座に振込金の入金が行われていない場合には、すみやかに取扱店に照会してください。**この場合には、振込先の金融機関に照会するなどの調査をし、その結果を報告します。
  (2)　**当行が発信した振込通知について振込先の金融機関から照会があった**

場合には、依頼内容について照会することがあります。この場合には、**すみやかに回答してください。**当行からの照会に対して、相当の期間内に回答がなかった場合または不適切な回答があった場合には、これによって生じた損害については、当行は責任を負いません。
(3) **入金口座なし等の事由により振込資金が返却された場合には、すみやかに通知しますので、第8条に規定する組戻しの手続に準じて、振込資金の受領等の手続をとってください。**

7．（依頼内容の変更）
(1) 振込契約の成立後にその依頼内容を変更する場合には、取扱店の窓口において次の訂正の手続により取扱います。ただし、<u>振込先の金融機関・店舗名および振込金額</u>を変更する場合には、第8条第1項に規定する組戻しの手続により取扱います。
　① 訂正の依頼にあたっては、当行所定の<u>訂正依頼書</u>に記名押印のうえ、<u>振込資金受取書等</u>とともに提出してください。この場合、当行所定の本人確認資料または保証人を求めることがあります。
　② 当行は、<u>訂正依頼書</u>に従って、訂正依頼電文を振込先の金融機関に発信します。
(2) 前項の訂正の取扱いについては、第5条第5項の規定を準用します。
(3) 第1項の場合において、振込先の金融機関がすでに振込通知を受信しているときは、訂正ができないことがあります。この場合には、受取人との間で協議してください。

8．（組戻し）
(1) 振込契約の成立後にその依頼を取りやめる場合には、取扱店の窓口において次の組戻しの手続により取扱います。
　① 組戻しの依頼にあたっては、当行所定の組戻依頼書に記名押印のうえ、振込資金受取書等とともに提出してください。この場合、当行所定の本人確認資料または保証人を求めることがあります。
　② 当行は、組戻依頼書に従って、組戻依頼電文を振込先の金融機関に発信します。
　③ 組戻しされた振込資金は、組戻依頼書に指定された方法により返却します。<u>現金で返却を受けるときは、当行所定の受取書に記名押印のうえ、振込資金受取書等とともに提出してください。この場合、当行所定の本人確認資料または保証人を求めることがあります。</u>
(2) 前項の組戻しの取扱いおよび組戻しされた振込資金の返却については、

第5条第5項の規定を準用します。
(3) 第1項の場合において、振込先の金融機関がすでに振込通知を受信しているときは、組戻しができないことがあります。この場合には、受取人との間で協議してください。

9．(通知・照会の連絡先)
(1) この取引について依頼人に通知・照会をする場合には、振込の依頼にあたって記載・入力された住所・電話番号または<u>振込資金等</u>を振替えた預金口座について届出のあった住所・電話番号を連絡先とします。
(2) 前項において、連絡先の記載の不備・誤入力または電話の不通等によって通知・照会をすることができなくても、これによって生じた損害については、当行は責任を負いません。

10．(手数料)
<u>(1) 振込の受付にあたっては、店頭表示の振込手数料をいただきます。</u>
<u>(2) 組戻しの受付にあたっては、当行所定の組戻手数料をいただきます。この場合、前項の振込手数料は返却しません。ただし、組戻しができなかったときは、組戻手数料は返却します。</u>
<u>(3) 組戻しされた振込資金を返却せずに改めてその資金による振込の受付をするときも、店頭表示の振込手数料をいただきます。この場合、組戻手数料は返却します。</u>
(4) この取引について、特別の依頼により要した費用は、別途にいただきます。

11．(災害等による免責)
次の各号の事由により振込金の入金不能、入金遅延等があっても、これによって生じた損害については、当行は責任を負いません。
① 災害・事変、輸送途中の事故、裁判所等公的機関の措置等のやむをえない事由があったとき
② 当行または金融機関の共同システムの運営体が相当の安全対策を講じたにもかかわらず、端末機、通信回線またはコンピュータ等に障害が生じたとき
③ 当行以外の金融機関の責に帰すべき事由があったとき

12．(譲渡、質入れの禁止)
<u>振込資金受取書等</u>およびこの取引にもとづく依頼人の権利は、譲渡、質入れすることはできません。

13．(預金規定等の適用)

<u>振込資金等を預金口座から振替えて振込の依頼をする場合における預金の払戻し</u>については、関係する預金規定および○○○○カード規定により取扱います。

（注）規定中アンダーラインを付した部分は銀行によって特に取扱いが異なるとみられる事項である。

以　　上

（全国銀行協会）

4　当座勘定規定

第1条（当座勘定への受入れ）

① 当座勘定には、現金のほか、手形、小切手、利札、郵便為替証書、配当金領収証その他の証券で直ちに取立てのできるもの（以下「証券類」という。）も受入れます。

② 手形要件、小切手要件の白地はあらかじめ補充してください。当行は白地を補充する義務を負いません。

③ 証券類のうち裏書等の必要があるものは、その手続を済ませてください。

④ 証券類の取立てのため特に費用を要する場合には、店頭掲示の代金取立手数料に準じてその取立手数料をいただきます。

第2条（証券類の受入れ）

① 証券類を受入れた場合には、当店で取立て、不渡返還時限の経過後その決済を確認したうえでなければ、支払資金としません。

② 当店を支払場所とする証券類を受入れた場合には、当店でその日のうちに決済を確認したうえで、支払資金とします。

第3条（本人振込み）

① 当行の他の本支店または他の金融機関を通じて当座勘定に振込みがあった場合には、当行で当座勘定元帳へ入金記帳したうえでなければ、支払資金としません。ただし、証券類による振込みについては、その決済の確認もしたうえでなければ、支払資金としません。

② 当座勘定への振込みについて、振込通知の発信金融機関から重複発信等の誤発信による取消通知があった場合には、振込金の入金記帳を取消します。

第4条（第三者振込み）

① 第三者が当店で当座勘定に振込みをした場合に、その受入れが証券類によるときは、第2条と同様に取扱います。

② 第三者が当行の他の本支店または他の金融機関を通じて当座勘定に振込みをした場合には、第3条と同様に取扱います。

第5条（受入証券類の不渡り）

① 前3条によって証券類による受入れまたは振込みがなされた場合に、その証券類が不渡りとなったときは、直ちにその旨を本人に通知するとともに、その金額を当座勘定元帳から引落し、本人からの請求がありしだいその証券類は受入れた店舗、または振込みを受付けた店舗で返却します。ただし、第4条の場合の不渡証券類は振込みをした第三者に返却するものとし、同炙第1項の場合には、本人を通じて返却することもできます。

② 前項の場合には、あらかじめ書面による依頼を受けたものにかぎり、その証券類について権利保全の手続をします。

第6条（手形、小切手の金額の取扱い）

手形、小切手を受入れまたは支払う場合には、複記のいかんにかかわらず、所定の金額欄記載の金額によって取扱います。

第7条（手形、小切手の支払）

① 小切手が支払のために呈示された場合、または手形が呈示期間内に支払のため呈示された場合には、当座勘定から支払います。

② 当座勘定の払戻しの場合には、小切手を使用してください。

第8条（手形、小切手用紙）

① 当行を支払人とする小切手または当店を支払場所とする約束手形を振出す場合には、当行が交付した用紙を使用してください。

② 当店を支払場所とする為替手形を引受ける場合には、預金業務を営む金融機関の交付した手形用紙であることを確認してください。

③ 前2項以外の手形または小切手については、当行はその支払をしません。

④ 手形用紙、小切手用紙の請求があった場合には、必要と認められる枚数を実費で交付します。

第9条（支払の範囲）

① 呈示された手形、小切手等の金額が当座勘定の支払資金をこえる場合には、当行はその支払義務を負いません。

② 手形、小切手の金額の一部支払はしません。

第10条（支払の選択）
同日に数通の手形、小切手等の支払をする場合にその総額が当座勘定の支払資金をこえるときは、そのいずれを支払うかは当行の任意とします。

第11条（過振り）
① 第9条の第1項にかかわらず、当行の裁量により支払資金をこえて手形、小切手等の支払をした場合には、当行からの請求がありしだい直ちにその不足金を支払ってください。

② 前項の不足金に対する損害金の割合は年　％（年365日の日割計算）とし、当行所定の方法によって計算します。

③ 第1項により当行が支払をした後に当座勘定に受入れまたは振込まれた資金は、同項の不足金に充当します。

④ 第1項による不足金、および第2項による損害金の支払がない場合には、当行は諸預り金その他の債務と、その期限のいかんにかかわらず、いつでも差引計算することができます。

⑤ 第1項による不足金がある場合には、本人から当座勘定に受入れまたは振込まれている証券類は、その不足金の担保として譲り受けたものとします。

第12条（手数料等の引落し）
① 当行が受取るべき貸付金利息、割引料、手数料、保証料、立替費用、その他これに類する債権が生じた場合には、小切手によらず、当座勘定からその金額を引落すことができるものとします。

② 当座勘定から各種料金等の自動支払をする場合には、当行所定の手続をしてください。

第13条（支払保証に代わる取扱い）
小切手の支払保証はしません。ただし、その請求があるときは、当行は自己宛小切手を交付し、その金額を当座勘定から引落します。

第14条（印鑑等の届出）
① 当座勘定の取引に使用する印鑑（または署名鑑）は、当行所定の用紙を用い、あらかじめ当店に届出てください。

② 代理人により取引をする場合には、本人からその氏名と印鑑（または署名鑑）を前項と同様に届出てください。

第15条（届出事項の変更）
① 手形、小切手、約束手形用紙、小切手用紙、印章を失った場合、また

は印章、名称、商号、代表者、代理人、住所、電話番号その他届出事項に変更があった場合には、直ちに書面によって当店に届出てください。
② 前項の届出の前に生じた損害については、当行は責任を負いません。
③ 第1項による届出事項の変更の届出がなかったために、当行からの通知または送付する書類等が延着しまたは到達しなかった場合には、通常到達すべき時に到達したものとみなします。

第16条（印鑑照合等）
① 手形、小切手または諸届け書類に使用された印影または署名を、届出の印鑑（または署名鑑）と相当の注意をもって照合し、相違ないものと認めて取扱いましたうえは、その手形、小切手、諸届け書類につき、偽造、変造その他の事故があっても、そのために生じた損害については、当行は責任を負いません。
② 手形、小切手として使用された用紙を、相当の注意をもって第8条の交付用紙であると認めて取扱いましたうえは、その用紙につき模造、変造、流用があっても、そのために生じた損害については、前項と同様とします。
③ この規定および別に定める手形用法、小切手用法に違反したために生じた損害についても、第1項と同様とします。

第17条（振出日、受取人記載もれの手形、小切手）
① 手形、小切手を振出しまたは為替手形を引受ける場合には、手形要件、小切手要件をできるかぎり記載してください。もし、小切手もしくは確定日払の手形で振出日の記載のないものまたは手形で受取人の記載のないものが呈示されたときは、その都度連絡することなく支払うことができるものとします。
② 前項の取扱いによって生じた損害については、当行は責任を負いません。

第18条（線引小切手の取扱い）
① 線引小切手が呈示された場合、その裏面に届出印の押なつ（または届出の署名）があるときは、その持参人に支払うことができるものとします。
② 前項の取扱いをしたため、小切手法第38条第5項の規定による損害が生じても、当行はその責任を負いません。また、当行が第三者にその損害を賠償した場合には、振出人に求償できるものとします。

第19条（自己取引手形等の取扱い）

①　手形行為に取締役会の承認、社員総会の認許その他これに類する手続を必要とする場合でも、その承認等の有無について調査を行なうことなく、支払をすることができます。

　②　前項の取扱いによって生じた損害については、当行は責任を負いません。

第20条（利息）
　当座預金には利息をつけません。

第21条（残高の報告）
　当座勘定の受払または残高の照会があった場合には、当行所定の方法により報告します。

第22条（譲渡、質入れの禁止）
　この預金は、譲渡または質入れすることはできません。

第23条（解約）
　①　この取引は、当事者の一方の都合でいつでも解約することができます。ただし、当行に対する解約の通知は書面によるものとします。

　②　当行が解約の通知を届出の住所にあてて発信した場合に、その通知が延着または到達しなかったときは、通常到達すべき時に到達したものとみなします。

　③　手形交換所の取引停止処分を受けたために、当行が解約する場合には、到達のいかんにかかわらず、その通知を発信した時に解約されたものとします。

第24条（取引終了後の処理）
　①　この取引が終了した場合には、その終了前に振出された約束手形、小切手または引受けられた為替手形であっても、当行はその支払義務を負いません。

　②　前項の場合には、未使用の手形用紙、小切手用紙は直ちに当店へ返却するとともに、当座勘定の決済を完了してください。

第25条（手形交換所規則による取扱い）
　①　この取引については、前各条のほか、関係のある手形交換所の規則に従って処理するものとします。

　②　関係のある手形交換所で災害、事変等のやむをえない事由により緊急措置がとられている場合には、第7条の第1項にかかわらず、呈示期間を経過した手形についても当座勘定から支払うことができるなど、その緊急措置に従って処理するものとします。

③ 前項の取扱いによって生じた損害については、当行は責任を負いません。

第26条（個人信用情報センターへの登録）
　個人取引の場合において、つぎの各号の事由が一つでも生じたときは、その事実を銀行協会の運営する個人信用情報センターに5年間（ただし、下記第3号の事由の場合のみ6か月間）登録し、同センターの加盟会員ならびに同センターと提携する個人信用情報機関の加盟会員は自己の取引上の判断のため利用できるものとします。
　１．差押、仮差押、支払停止、破産等信用欠如を理由として解約されたとき。
　２．手形交換所の取引停止処分を受けたとき。
　３．手形交換所の不渡報告に掲載されたとき。

以　上
（全国銀行協会）

5　小切手用法

〔一般当座用〕

1．この小切手用紙は、当店における貴方名義の当座勘定にかぎり使用し、他の当座勘定に使用したり、他人に譲り渡すことはしないでください。
2．小切手のお振出しにあたっては、当座勘定の残高を確認してください。なお、先日付の小切手でも呈示をうければ、支払うことになりますからご承知おきください。
3．小切手のお振出しにあたっては、金額、振出日などを明確に記入し、記名なつ印に際しては、当店へお届けのご印章を使用してください。なお、改ざん防止のために消しにくい筆記具を使用してください。
4．(1)　金額は所定の金額欄に記入してください。
　　(2)　金額をアラビア数字（算用数字、1、2、3……）で記入するときは、チェックライターを使用し、金額の頭には「￥」を、その終りには※、★などの終止符号を印字してください。
　　　　なお、文字による複記はしないでください。
　　(3)　金額を文字で記入するときは、文字の間をつめ、壱、弐、参、拾など改ざんしにくい文字を使用し、金額の頭には「金」を、その終りに

は「円」を記入してください。
5. 金額を誤記されたときは、訂正しないで新しい小切手用紙を使用してください。金額以外の記載事項を訂正するときは、訂正個所にお届け印をなつ印してください。
6. 小切手用紙の下辺余白部分（クリアーバンド）は使用しないでください。
7. 小切手用紙は大切に保管し、万一、紛失、盗難などの事故があったときは、当行所定の用紙によりただちに届出てください。
8. 小切手用紙は、当行所定の受取書に記名なつ印（お届け印）のうえ請求してください。
9. 自署だけによるお取引の場合は、記名なつ印にかえ自署してください。ただし、記載事項の訂正には姓だけをお書きください。

以　上
（全国銀行協会）

6　約束手形用法

1. この手形用紙は、当店における貴方名義の当座勘定にかぎり使用し、他の当座勘定に使用したり、他人に譲り渡すことはしないでください。
2. 手形のお振出しにあたっては、金額、住所、支払期日を明確に記入し、記名なつ印に際しては、当店へお届けのご印章を使用してください。住所の記載があれば振出地の記入は省略することができます。なお、改ざん防止のために消しにくい筆記具を使用してください。
3. 振出日、受取人の記載は、手形要件となっておりますから、できるだけ記入してください。
4. (1) 金額は所定の金額欄に記入してください。
   (2) 金額をアラビア数字（算用数字、1、2、3…）で記入するときは、チェックライターを使用し、金額の頭には「￥」を、その終わりには※、★などの終止符号を印字してください。
   なお、文字による複記はしないでください。
   (3) 金額を文字で記入するときは、文字の間をつめ、壱、弐、参、拾など改ざんしにくい文字を使用し、金額の頭には「金」を、その終りには「円」を記入してください。
5. 金額を誤記されたときは、訂正しないで新しい手形用紙を使用してくだ

さい。金額以外の記載事項を訂正するときは、訂正個所にお届け印をなつ印してください。
6．手形用紙の右上辺、右辺ならびに下辺（クリアーバンド）などの余白部分（下図斜線部分）は使用しないでください。
7．手形用紙は大切に保管し、万一、紛失、盗難などの事故があったときは、当行所定の用紙によりただちに届出てください。
8．手形用紙は、当行所定の受取書に記名なつ印（お届け印）のうえ請求してください。
9．自署によるお取引の場合は、記名なつ印にかえ自署してください。ただし記載事項の訂正には姓だけをお書きください。

以　上

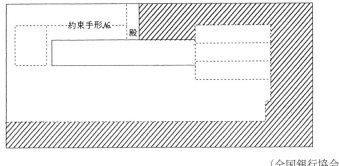

（全国銀行協会）

7　クレジットカード会員規約例

〔株式会社オリエントコーポレーション・クレジットカード会員規約〕
（平成28年10月1日・抄録）

＜クレジットカード会員規約のご案内＞

①　本規約は、お客さまが株式会社オリエントコーポレーション（以下「オリコ」という）の発行するクレジットカード（以下「カード」という）会員として、カードをご利用される場合の内容です。
②　お客さまのお申込みされたカードの種類によって、特別なサービスや

特約が付加されている場合があります。この場合は本規約とは別にご案内いたします。

第1章　クレジットカードの基本条項

第1条（会員）
(1) 会員とは、本人会員と家族会員の両者を総称した者をいいます。
(2) 家族会員とは、本人会員が、本規約に基づくカード利用における一切の権限（以下「本代理権」という）を授与した会員で、オリコが入会を認めた会員をいいます。
(3) 本人会員は、家族会員に対する本代理権の授与の撤回、取消又は無効等の消滅事由がある場合は、オリコ宛にその旨を届出るものとします。尚、本人会員は、この届出以前に本代理権が消滅したことを主張することはできません。
(4) 家族会員によるカードの利用に基づく支払義務は、本人会員が負うものとします。又、本人会員は、家族会員に対して本規約を遵守させるものとし、家族会員が本規約を遵守しなかったことによりオリコに生じた損害を賠償するものとします。
(5) 本人会員は、オリコが家族カードの利用内容、利用状況等を本人会員に対し通知することを予め承諾するものとします。

第2条（契約の成立及びカードの貸与等）
(1) 契約成立等
　① カードショッピングに係る基本契約及びカードキャッシングに係る基本契約は、会員が本規約を承認の上、オリコに申込みをし、オリコが所定の審査の上、承諾した時に成立するものとします。カードショッピングに係る基本契約及びカードキャッシングに係る基本契約の契約日は、オリコから会員に別途通知されます。
　② 会員がカードキャッシングの利用可能枠の設定を希望しない場合は、カードキャッシングに係る基本契約は成立しないものとします。
　③ 個別のカードショッピングの利用契約及びカードキャッシングの利用契約は、カードショッピング及びカードキャッシングの利用の都度各別に成立するものとします。
(2) カードの有効期限はカード券面に表示します。尚、会員より脱会の申出がなく、一定のカードの利用がありオリコが引続き会員として認める場合は更新されますが、オリコが定める一定の期間カードの利用がない

場合はオリコの判断により更新されないものとします。
(3) カードの所有権はオリコに帰属し、オリコは、会員にカードを貸与します。又、カードは会員のみが利用できるものとし、会員は、カードの署名欄に自署し、善良なる管理者の注意をもってカード（カードの券面上に記載された会員番号、有効期限等のカード情報を含む）の利用、管理をするものとし、他人に貸与、預け入れ、譲渡、質入れ、担保提供等に利用することや、カードの利用に伴う場合を除いてカード情報の提供を行うことはできません。
(4) オリコが会員に貸与したカードの券面については変更する場合があります。

第3条（カードの利用可能枠等）

(1) 会員は、以下の各号に定める制限額の範囲で、カードショッピング及びカードキャッシングを利用することができるものとします。
　① カードショッピング枠及びカードキャッシング枠とは、カードのカードショッピング及びカードキャッシングのそれぞれについて定められた利用可能枠をいい、オリコが会員にカードを交付するときに会員に通知されます。会員は、カードショッピング枠及びカードキャッシング枠を超えてカードを利用することができません。
　② カード利用可能枠とは、それぞれのカード毎に設定された総利用制限額であって、カードショッピング枠とカードキャッシング枠の何れか高い金額がカード利用可能枠となります。会員は、カードショッピングとカードキャッシングの合計利用額について、カード利用可能枠を超えて利用することができません。
　③ 総利用可能枠とは、会員がオリコのカードを複数枚保有する場合のその複数枚のカードの合計の利用制限額をいいます。総利用可能枠は、会員が保有する複数枚のカードのうち、最も金額が高いカードショッピング枠又はカードキャッシング枠が指定されるものとし、会員は、複数枚あるカードの総利用額について、総利用可能枠を超えて利用することができません。

(2) 会員はオリコの承諾なく第1項各号に定める各利用可能枠を超えてカードを利用しないものとし、これを超えて利用した場合は、オリコの請求により、利用可能枠を超えた金額もしくは残債務全額を一括して支払うものとします。又、商品、別表記載の加盟店（以下「加盟店」という）によって、1回当たりのご利用額が制限される場合があります。

(3) オリコは、以下の各号の何れかひとつにでも該当したときは、カードの利用の停止又は利用可能枠の引下げを行うことができるものとします。
　① 会員が、貸金業法、日本貸金業協会で定める自主規制基本規則に基づく収入を証明する書面その他の必要な書類の提出を求められたにもかかわらず当該書類が提出されない場合。
　② 会員のカードキャッシングに係る利用可能枠とオリコとの他の契約に基づく借入残高及び他の貸金業者からの借入残高が、給与及びこれに類する定期的な収入の合計額の3分の1を超えた場合。
　③ オリコが割賦販売法、一般社団法人日本クレジット協会で定める自主規制規則に基づき、会員又は会員の世帯主の年収、世帯状況、年齢、勤務先等の申告を求めたにもかかわらずその申告を受けられなかった場合。
(4) オリコは、第3項各号に定めるほか、その加盟する個人信用情報機関に登録された情報及びオリコとの間のその他の取引の内容等を利用して、オリコ所定の方法で、カード更新時及び随時、会員の信用調査を行い、カード利用可能枠の変更又はカードの機能の停止を行うことができるものとします。

第4条（カードの機能）

(1) 会員は、以下の各号のサービスを受けることができます。
　① カードショッピング　会員は、カードを提示する方法や、カード番号その他の所定のカード情報を加盟店に通知する方法で、加盟店から商品を購入したり、サービスの提供（以下「商品の購入等」という）を受けること（以下「カードショッピング」という）ができます。
　② カードキャッシング　会員は、カードを利用して、オリコから金銭の借入れ（以下「カードキャッシング」という）をすることができます。カードキャッシングは原則として1万円単位で利用することができます。但し、日本国外でのカードキャッシングは、Mastercard、Visa、JCB又はオリコが指定する現地通貨単位での利用となります。
(2) 会員は、カードショッピング枠の現金化を目的として商品の購入等にカードショッピングを利用することはできません。

第5条（付帯サービス）

(1) 会員は、カードに付帯したサービス・特典（以下「付帯サービス」という）を利用することができ、会員が利用できる付帯サービス及びその内容については、別途オリコから会員に対し通知するものとします。

(2) 会員は、付帯サービスの利用等に関する規約等がある場合には、それに従うものとします。
(3) 会員は、付帯サービスについて次のことを予め承諾するものとします。
① オリコが必要と認めた場合には、付帯サービス及びその内容を会員への予告又は通知なしに変更もしくは中止する場合があること。
② 付帯サービス及びその内容がオリコホームページ（http://www.orico.co.jp）に掲載される内容に従って随時変更もしくは中止されること。

第6条（所有権）
会員は、カードを利用して購入した商品の所有権が、オリコが加盟店もしくはオリコの提携カード会社、金融機関等に立替払いし、又は債権を譲受けたことにより、加盟店からオリコに移転し、当該商品に係る債務の完済までオリコに留保されることを認めるものとします。

第7条（カード年会費）
会員は、カードショッピングサービスの維持に係る費用として、オリコに対して入会時に定められた年会費及びオリコから別途会員へ通知される年会費を支払うものとします。尚、カード年会費のみの請求の場合は会員への案内を省く場合があります。又、カード年会費は理由のいかんにかかわらず返還しないものとします。

第8条（暗証番号）
(1) 会員はカードの暗証番号を設定するものとし、暗証番号に会員の生年月日、電話番号、住所、自動車登録番号、「0000」、「9999」等他人に容易に推測されるもの（以下「忌避番号」という）の使用を避けるものとします。
(2) 会員の届出た暗証番号が忌避番号であった場合や、カード入会申込み時に会員が暗証番号を指定しなかった場合、オリコが指定する暗証番号を登録する場合があります。
(3) 会員は、暗証番号（オリコからID番号やパスワードを付与された場合はこれを含む）を他人に知られないように十分注意して管理するものとします。
(4) 会員が忌避番号を利用したことにより生じた損害、及び会員の故意又は過失により暗証番号を他人に知られたことにより生じた損害については会員の負担とします。

第4章　支払停止の抗弁等

第22条（見本、カタログ等と提供内容の相違による契約の解除等）
　会員が見本、カタログ等によりカードショッピングの申込みをした場合において、提供され又は引渡された商品、権利、役務が見本、カタログ等と相違していることが明らかな場合は、会員は直ちに加盟店に対して商品、権利の交換又は役務の再提供を申出るか、又は当該売買契約、役務提供契約の解除ができるものとします。尚、売買契約等を解除する場合は、会員は速やかにオリコに対してもその旨を通知するものとします。

第23条（支払停止の抗弁）
(1)　会員は、次の各号の事由が存するときにはその事由が解消されるまでの間、当該商品等についての支払いを停止することができるものとします。
　①　商品（権利）の全部又は一部の引渡しがないとき。
　②　役務の全部又は一部の提供がなされないとき。
　③　商品（権利）や役務は提供されたが、約束の期日に遅れたため役に立たなかったとき。
　④　商品に欠陥（瑕疵）があるのに対応してもらえないとき。
　⑤　クーリングオフ、中途解約（但し、特定商取引に関する法律に定める特定継続的役務提供契約の場合に限る）に応じてもらえないとき。
　⑥　商品（権利）や役務が見本・カタログ等と異なるとき。
　⑦　商品（権利）の販売の条件となっている役務の提供がないとき。
　⑧　その他商品（権利）の販売、役務の提供につき加盟店に対して生じている事由があるとき。
(2)　オリコは、会員が第1項の支払いの停止を行う旨をオリコに申出たときは直ちに所定の手続きを取るものとします。
(3)　会員が第2項の申出をするときには、予め上記の事由解消のため加盟店と交渉を行うよう努めるものとします。
(4)　会員は、第2項の申出をするときには、速やかに上記の事由を記載した書面（資料があるときには資料を添付）をオリコに提出するよう努めるものとします。又、オリコが上記事由について調査の必要があるときには、会員はその調査に協力するものとします。
(5)　第1項の規定にかかわらず、次の各号の何れかに該当するときには支払いの停止を求めることはできないものとします。

① 売買契約、役務提供契約が会員にとって営業のために又は営業としてする取引であるなど割賦販売法第35条の3の60第1項に該当する取引であるとき。
② 1回の利用にかかる支払総額が4万円(リボルビング払いの場合は現金価格の合計が3万8千円)に満たないとき。
③ 割賦販売法に定める指定権利以外の権利の購入のためにカードショッピングを利用したとき。
④ 返済方式が翌月1回払いのとき。
⑤ 会員による支払いの停止が信義に反するとき。
⑥ オリコの承諾なしに、売買契約の合意解約、加盟店に対するカードショッピングの支払金の支払いその他オリコの債権を侵害する行為をしたとき。

(6) 会員は、オリコが返済金の残額から第1項の支払停止額に相当する額を控除して請求したときには控除後の返済金について支払いを継続するものとします。

第5章　会員資格の喪失

第24条（脱会）

(1) 会員がその都合により脱会するときは、オリコ宛その旨の届出を行うものとします。尚、脱会の届出時において残債務がある場合、会員は当該残債務について引続き本規約に基づき支払いを継続するものとします。

(2) 家族会員が脱会する場合にも、前項に準じるものとします。

第25条（会員資格の喪失等）

(1) 会員が、以下の各号に定める何れかに該当したときは、オリコは、会員に通知することなくカードショッピング及びカードキャッシングの全部又は一部の利用を停止し、又は会員資格を喪失させることができるものとし、これらの措置とともに、加盟店に対し当該カードの無効を通知することがあります。

① オリコに対して虚偽の申告をした場合。
② 本規約の何れかに違反した場合。
③ 本規約に基づく支払債務その他オリコに対する一切の支払債務の履行を怠った場合。
④ 期限の利益の喪失事由の何れかに該当した場合。

⑤ オリコもしくは個人信用情報機関の情報等により会員の信用状態に重大な変化が生じ、又は生じるおそれがあるとオリコが判断した場合。
⑥ 第三者による利用、換金を目的とした商品の購入等、カードの利用状態が適当でないとオリコが判断した場合。
⑦ 国家元首及び政府、中央銀行その他これらに類する機関等において重要な地位を占める者又はこれらの者であった者、並びにそれらの者の家族に該当した場合。
⑧ オリコが前号にかかる調査のため、会員に対して本人確認書類その他オリコが必要と認める書類の提出を求めたにもかかわらず、会員から当該書類が提出されない場合。
⑨ 会員への通知、連絡が不能とオリコが判断した場合。
⑩ その他オリコが会員として不適当と判断した場合。
(2) 会員がオリコの発行する複数のカードの会員となっている場合において、その何れかについて第1項各号の何れかひとつに該当した場合、会員の保有するオリコが発行する全てのカードについて、第1項が適用されるものとします。

第26条（会員資格喪失時のカードの取扱い等）
(1) 会員が会員資格を喪失し（脱会の場合はその届出を行ったとき）、オリコ又はオリコの委託を受けた者からカードの返却を求められたときは、会員は直ちに貸与された全てのカードを切断する等利用不能の状態にした上で返却するか又は会員の責任において破棄するものとします。会員が適切に返却又は破棄しなかったことにより、オリコに生じた責任は会員が負担するものとします。
(2) 会員資格喪失をもって、カードを利用して提供されるサービス及び会員資格に基づいて提供されるサービスは終了するものとします。
(3) 本会員が会員資格を喪失したときは、家族会員も会員資格を喪失します。

第6章　カードの紛失・盗難時の取扱い

第27条（通知）
(1) 会員は、貸与されたカードに関し、以下の各号の何れかの事由（以下「カード事故」という）を知ったときは、直ちにオリコにその旨を通知の上、最寄りの警察署にその旨を届出るものとします。

① カードを紛失し、又は盗難、詐取もしくは横領にあったこと、又はカードを利用して不正な取引が行われたこと。
② 第三者にカード番号、暗証番号、その他オリコから付与されたカードに係るID番号等を不正に取得され、又はこれらのデータを利用して不正な取引が行われたこと。
③ 偽造カードが作成され、又は利用されたこと。
(2) 会員は、オリコがカード事故の調査をするために必要と認めたときは、カード事故に関する資料等（被害状況等を記載した報告書、警察署の被害届出証明又は盗難届出証明等）の提出及びオリコ又はオリコの委託を受けた者による被害状況等の調査に関する協力をするものとします。

第28条（免責）
会員は以下の範囲のカードの利用代金の支払債務について、支払義務を負わないものとします。
① 第27条第1項第1号、第2号に定めるカード事故を原因とするカードの利用代金についてはその通知日の60日前以降の利用分。
② 第27条第1項第3号に定めるカード事故を原因とするカードの利用代金。

第29条（免責されない損害）
第28条の定めにもかかわらず、カード事故について以下の各号の何れかに該当する場合、会員は、当該利用代金についてオリコに対し支払いの責任を負うものとします。
① カード事故が会員の故意又は重大な過失により生じたものであるとき。
② 会員がカード事故の事実を認識しながら、オリコへの通知を怠ったとき、もしくはその通知を正当な理由なく遅延したとき。
③ カード事故が会員の家族、同居人、留守人の不正行為に起因するものであるとき。
④ カード事故が戦争、地震等に基づく著しい秩序の混乱に乗じてなされたものであるとき。
⑤ カード事故がカードを他人に譲渡、貸与又は担保差入れしたこと、並びにカード情報を他人に提供したことによって生じたものであるとき。
⑥ 第27条第1項第1号、第2号に定めるカード事故による不正な利用が、会員のオリコへのカード事故の通知日から起算して61日以前に生

じたものであるとき。
⑦　会員がカード事故の調査をするためにオリコが必要と認めた資料等の提出をしなかったとき、もしくは必要な調査に対する協力をしなかったとき。
⑧　会員がカード事故に関し虚偽の説明をしたとき。
⑨　カード事故が会員の本規約に違反する状況で行われたとき。

8　クレジットカード加盟店規約例

〔三井住友カード加盟店規約〕（抄録）

第1章 共通条項

第1条（加盟店）
1．本規約を承認のうえ、三井住友カード株式会社（以下「当社」という）に加盟を申込み、当社が加盟を認めた法人、個人または団体を加盟店とします。なお、本規約に基づき、当社と加盟店間で成立した契約を本規約といいます。
2．加盟店は、本規約に定める信用販売を行う店舗・施設（以下「カード取扱店舗」という）を指定のうえ、予め当社に届出し、承認を得るものとします。当社の承認のないカード取扱店舗で信用販売はできないものとします。
3．加盟店は、本規約に従い信用販売を行うカード取扱店舗内外の見易いところに当社の指定する加盟店標識を掲示するものとします。
4．加盟店は、本規約上の地位を第三者に譲渡（合併・会社分割等の組織再編行為によるものであるかを問わない）できないものとします。

第2条（定義）
本規約において、以下に掲げる用語の意義は、当該各号に定めるところによるものとします。
(1)　信用販売
　　　会員と加盟店との間における、当社所定の方法によりカードを対価の支払手段とする取引をいいます。
(2)　カード

資料

　　下記①から⑧に記載したクレジットカード等（デビットカード、プリペイドカード、その他支払手段として用いられるカード等の証票その他の物または番号、記号その他の符号を含む）のうち、当社が指定するものをいいます。
① 加盟店と会員の間の取引の決済機能を有する当社が発行するクレジットカード等
② 提携組織（以下で定義）に加盟している日本国内および日本国外の会社が発行するクレジットカード等
③ 当社と提携関係にある日本国内および日本国外の会社が発行するクレジットカード等
④ VISAインターナショナルサービスアソシエーションに加盟している会社が発行するクレジットカード等
⑤ マスターカードインターナショナルインコーポレーテッドに加盟している会社が発行するクレジットカード等
⑥ 中国銀聯股份有限有公司もしくは銀聯国際有限公司（以下総称して「銀聯」という）に加盟している中国および中国国外の会社が発行するクレジットカードおよびキャッシュカード（以下「銀聯カード」という）
⑦ 銀聯カードのうち、銀聯が指定する所定の標識のある暗証番号の入力を必要としないクレジットカード
⑧ iD決済システムと称する非接触ICチップを用いた決済サービス（以下「iD決済システム」という）の利用に必要な会員情報が登録された非接触ICチップを装備し、iD決済システムに対応する機能を備えた携帯電話、カードおよびその他の媒体（以下「iD携帯等」という）

(3) 会員
　　カードを正当に所持する者をいいます。
(4) CAT等
　　CAT（クレジットオーソリゼーションターミナル）端末機その他カードの有効性をチェックする機器をいいます。
(5) iD取扱端末
　　本決済システムに対応する機能を備え、iD携帯等の有効性をチェックする機器をいいます。
(6) 売上債権

信用販売により加盟店が会員に対し取得する金銭債権をいいます。
(7) 提携組織
　　当社が加盟または提携する組織（VISAインターナショナルサービスアソシエーションマスターカードインターナショナルインコーポレーテッド、銀聯および株式会社NTTドコモを含む）をいいます。
(8) 提携組織の規則等
　　提携組織が定める規則、ルール、規範、基準、レギュレーション、ガイドライン等、および提携組織の指示、命令、要請等（提携組織の指示等に基づく当社から加盟店に対する指示等を含む）をいいます。
(9) 営業秘密等
　　本規約の履行上知り得た相手方の技術上または営業上その他の秘密をいいます。
(10) 第三者
　　当社および加盟店以外の全ての者をいいます。
(11) 個人情報
　　会員または会員の予定者（入会申込者を含む）の個人情報（個人に関する情報で氏名・住所・生年月日その他の記述等により特定の個人を識別することができる情報をいい、氏名・住所・生年月日・電話番号・契約番号・預貯金口座・請求額をいうが、これらに限らない）をいいます。
(12) 個人情報管理責任者
　　個人情報保護に関する責任者をいいます。

第3条（表明・保証）

1. 加盟店は、当社に対し、本規約締結にあたり、本規約締結日時点および本規約の有効期間中において、以下の事項が真実かつ正確であることを表明し、保証します。
(1) 行為能力
　　加盟店は、適用法令上、本規約を締結し、これらに基づく権利を行使し、義務を履行する権利能力および行為能力を有すること
(2) 社内手続
　　加盟店は、本規約を締結し、これらに基づく権利を行使し、義務を履行するために、法令および定款その他の社内規則に基づき要求される内部手続を適法かつ適正に完了していること
(3) 適法性等

本規約を加盟店が締結しまたは加盟店がこれらに基づく権利を行使し、もしくは義務を履行することは、加盟店に対して適用のある一切の法令、加盟店の定款その他の社内規則に抵触せず、加盟店を当事者とする契約の違反または債務不履行事由とはならないこと

(4) 有効な契約

本規約は、これを締結した加盟店につき適法、有効かつ拘束力のある契約であること

(5) 非詐害性

加盟店は、現在債務超過ではなく、加盟店が本規約を締結することは、詐害行為取消の対象とはならず、加盟店の知りうる限り、本規約について詐害行為取消その他の異議を主張する第三者は存在しないこと

(6) 提供情報の正確性

加盟店が、本規約の締結にあたって、当社に提供した情報は、重要な点において正確であり、かつ、重要な情報は全て当社に提供されていること

2．加盟店は、当社に対し本規約締結にあたり、加盟店（加盟店の役員・従業員を含み、以下本項において同じ）が、暴力団、暴力団員、暴力団員でなくなった時から5年を経過しない者、暴力団準構成員、暴力団関係企業、総会屋等、社会運動等標ぼうゴロまたは特殊知能暴力集団等、その他これらに準ずる者（以下これらを「暴力団員等」という）または(1)の各号のいずれにも該当しないことを表明・保証するとともに、将来においても加盟店が暴力団員等または(1)の各号のいずれにも該当しないこと、自らまたは第三者を利用して(2)の各号のいずれかに該当する行為を一切行わないことを確約し、加盟店の故意過失を問わず、かかる表明・保証に違反し、あるいはかかる確約に違反した場合、または当社が違反しているものと判断した場合には、本規約に基づく取引が停止されること、また直ちに本規約が解除されることがありえることを異議なく承諾します。これにより加盟店に損害が生じた場合でも当社に何らの請求は行わず、一切加盟店の責任とします。また、かかる表明・保証、確約に違反して当社に損害が生じた場合には、その一切の損害を加盟店（加盟店の役員・従業員は含まない）は賠償しなければならないものとします。

(1) ① 暴力団員等が経営を支配していると認められる関係を有すること

② 暴力団員等が経営に実質的に関与していると認められる関係を有

すること
③ 自己、自社もしくは第三者の不正の利益を図る目的または第三者に損害を加える目的をもってするなど、不当に暴力団員等を利用していると認められる関係を有すること
④ 暴力団員等に対して資金等を提供し、または便宜を供与するなどの関与をしていると認められる関係を有すること
⑤ 役員または経営に実質的に関与している者が暴力団員等と社会的に非難されるべき関係を有すること
(2) ① 暴力的な要求行為
② 法的な責任を超えた不当な要求行為
③ 取引に関して、脅迫的な言動をし、または暴力を用いる行為
④ 風説を流布し、偽計を用いまたは威力を用いて当社の信用を毀損し、または当社の業務を妨害する行為
⑤ 換金を目的とする商品の販売行為
⑥ 合理的な理由なく、加盟店（代表者およびその関係者を含む）が保有するカード等を使用する、本規約にかかる信用販売行為
⑦ その他①ないし⑥に準ずる行為

第4条（信用販売）

1．加盟店は、会員が、カードを提示して、物品の販売、サービスの提供、その他加盟店の営業に属する取引を求めた場合は、本規約に従い、現金で取引を行う顧客と同様に、店頭において信用販売を行うものとします。
2．当社の提携関係または加盟関係に変動が生じたときは、当社からの通知により信用販売を行うカードの範囲も変動するものとします。
3．加盟店は、本規約に従い信用販売を行うとともに、当社が定める規定、ルールおよび指示等（改定された場合は改定後のものを含む）を遵守するものとします。
4．本規約は、加盟店が店頭において行う販売について適用されるものとし、加盟店が、通信販売、カタログ販売、コンピュータ通信による販売等、店頭販売以外の態様の取引により信用販売を行う場合は、適用されないものとします。

第5条（取扱い商品）

1．加盟店は信用販売において、取扱う商品・サービスについては、事前に当社に届け出た上でその承認を得るものとし、変更する場合も同様と

します。但し、加盟店は、当社による承認の有無にかかわらず、以下のいずれかに該当するかまたは該当するおそれがある商品・サービスを取り扱ってはならないものとします。
(1) 当社が公序良俗に反すると判断するもの
(2) 銃刀法、麻薬取締法、ワシントン条約、その他関連法律・法令の定めに違反するもの
(3) 第三者の著作権・肖像権・商標権・その他知的財産権その他の権利を侵害するもの
(4) 提携組織の規則等により取扱いが禁止されるもの(提携組織が公序良俗に反すると判断したものおよび提携組織の規則等における取扱いのための条件を満たさないものを含む)
(5) 商品券・印紙・切手・回数券・プリペイドカードその他の有価証券等の換金性の高い商品および当社が別途指定した商品・サービス等
(6) その他会員との紛議もしくは不正利用の実態等に鑑みまたは当社および提携組織のブランドイメージ保持の観点から、当社が不適当と判断したもの
2．前項による当社の承認は、当該商品・サービスが前項各号のいずれにも該当しないことを保証するものではなく、当社による承認後に、当社が承認した商品・サービスが、前項各号のいずれかに該当することもしくはそのおそれがあることが判明した場合、または、法令、提携組織の規則等の変更等により、前項各号のいずれかに該当すること(そのおそれがある場合を含む)となった場合、当社は、加盟店に対する何らの責任を負うことなく、当該承認を撤回することができるものとします。
3．前2項にかかわらず、当社が、取扱う商品・サービスについて報告を求めた場合には、加盟店は、速やかに報告を行うものとし、当社が第1項各号のいずれかに該当すると判断した場合には、加盟店は直ちに当該商品・サービスの信用販売を中止するものとします。

第6条（信用販売の種類）
1．信用販売の種類は、1回払い販売・2回払い販売・ボーナス一括払い販売・リボルビング払い販売・分割払い販売（3回以上のものをいい、以下同様）とします。
2．加盟店は、2回払い販売・ボーナス一括払い販売・リボルビング払い販売・分割払い販売については、当社または日本国内の会社が発行するカードのうち、当社が指定するものについてのみ取扱うことができるも

のとし、日本国外の会社が発行するカードについては、1回払い販売のみ取扱うものとします。

第7条（信用販売の方法）
1. 加盟店は、会員からカードの提示による信用販売の要求があった場合、CAT等またはiD取扱端末を利用して、その取扱契約に基づきすべての信用販売においてカードの有効性を確認し、信用販売の承認を得るものとします。その際、取扱契約に従い、カードの真偽、売上票その他媒体に署名を求め当該カード裏面の署名と同一であること、または、会員が正しい暗証番号を入力したことを確認するとともに、写真入りカードの場合には、利用者が当該カード面の写真と同一であることもあわせて確認して、信用販売を行うものとします。また、何らかの理由（故障、電話回線障害等）でCAT等の使用ができない場合は、第3項の手続きを行うものとします。
2. 前項の信用販売を行った場合、加盟店は、当社が別途定める場合を除き、CAT等またはiD取扱端末をその取扱契約に従い使用して当該信用販売に関するデータ（以下「売上データ」という）を当社に送信するものとします。
3. 加盟店は、CAT等を利用することなく信用販売を行なう場合には、前2項に関わらず、当該カードの真偽、有効期限、無効カード通知の有無を調べた上、当該カードが有効なものであることを確認し、当社所定の売上票にカード用印字器により当該カード表面記載のカードの会員番号、会員氏名、有効期限を印字して、金額、信用販売の種類、加盟店名、加盟店番号、取扱日付、取扱者名等所定の事項を記入の上、会員の署名を徴求するものとします。その際、当該カード裏面の署名と売上票の署名を照合し、同一であることおよび写真入りカードの場合には、利用者が当該カード面の写真と同一であることもあわせて確認して信用販売を行うものとします。ただし、加盟店はカード用印字器を使用する場合にエンボスレスカード（ELECTRONIC USE ONLYと記載のカードを含む）の取扱いを行なわないものとします。なお、加盟店は会員に対し、売上票に当社所定の項目以外の記載を求めてはならないものとしますが、別途当社から通知があった場合にはその指示に従うものとします。
4. 前項の信用販売を行った場合、加盟店は、当社が別途定める場合を除き、売上データに代わって、当該信用販売に関する売上票を当社に送付するものとします。

5．第3項の場合、加盟店が、当社の事前の承諾を得ることなく、会員に対して行うことのできる1回の信用販売限度額は、当社が特に通知しない限り、会員1人当たりにつき、税金、送料等を含み3万円以内（ビール券・図書券等使途限定のギフト券を販売する場合は2万円以内）とします。1回の信用販売限度額とは同一日、同一売場における販売額の総額をいいます。加盟店は、信用販売限度額を超えて信用販売を行う場合、事前に電話等により当社の承認を求めるものとし、当社の承認を得たときは、売上票の承認番号欄に当該承認番号を記入するものとします。なお、当社が必要と認めたときは信用販売限度額の引下げを行うことができるものとし、加盟店はこれに従うものとします。また、加盟店は、信用販売限度額引下げの主旨徹底のために当社から要求があったときは、追加約定書を差し入れるものとします。
6．売上データまたは売上票に記載できる金額は、当該販売代金ならびにサービス提供代金（いずれも税金、送料等を含む）のみとし、現金の立替、過去の売掛金の精算等は行わないものとします。
7．加盟店は、売上データまたは売上票の金額訂正、分割記載、取扱日付の不実記載等は行わないものとします。金額に誤りがある場合には、当該売上データまたは売上票を破棄して新たに本条の手続により、売上データまたは売上票を作成しなおすものとします。
8．加盟店は、当社所定の売上データまたは売上票以外は使用できないものとします。但し、当社が事前に承認した売上データまたは売上票については使用できるものとします。また、売上データまたは売上票は加盟店の責任において保管・管理し、他に譲渡はできないものとします。
9．2回払い販売、分割払い販売の場合は、1件についての取扱金額を1万円以上とします。
10．ボーナス一括払い販売の場合は、1件についての取扱金額を1万円以上とし、取扱期間は加盟店申込書の指定の通りとします。
11．加盟店は、有効なカードを提示した会員に対して、商品の販売代金ならびにサービス提供代金について手数料等を上乗せする等現金客と異なる代金の請求をすること、およびカードの円滑な使用を妨げる何らの制限をも加えないものとします。また正当な理由なくして信用販売を拒絶し、代金の全額または一部（税金、送料等を含む）に対して直接現金支払いを要求する等、会員に対して差別的取扱いは行わないものとします。

12. 前11項にかかわらず、加盟店は、当社が必要または適当と認めて、信用販売の方法を変更し、変更後の内容を通知した場合には、これを行うことができない合理的な事由がある場合を除き、加盟店は、変更後の方法により信用販売を行うものとします。

第8条（不審な取引の通報）

1. 加盟店は、提示されたカードについて、カード名義・提示者の性別・カード発行会社・カードの会員番号等の事項の間に整合しないものがある場合、カードの提示方法に不審がある場合、同一会員が異なる名義のカードを提示した場合、当社が予め通知した偽造カード・変造カードに該当すると思われる場合または当該取引について日常の取引から判断して異常な大量もしくは高価な購入の申込がある場合には、カードによる信用販売を行うについて当社と協議し、当社の指示に従うものとします。一時に多数の顧客が来店し多数のカード提示があった場合には、特に注意を払うものとします。
2. 前項の場合、当社が当該取引におけるカードの使用状況の報告、カードおよびカード発行会社の確認、カードの会員番号とカードの会員氏名の確認、本人確認等の調査およびカード回収の依頼等の協力を求めた場合、加盟店はこれに協力するものとします。
3. 加盟店は、前2項の場合に限らず、当社が会員のカード使用状況など調査協力を求めた場合、それに対して協力するものとします。
4. 加盟店は、当社がカードの不正使用防止に協力を求めた場合、これに協力するものとします。

第9条（信用販売の円滑な実施）

1. 加盟店は、信用販売を行うあるいは信用販売の勧誘を行う場合には、割賦販売法、特定商取引に関する法律、消費者契約法等の関連法令を遵守するものとします。また、当社が関連法令を遵守するために必要な場合には、当社の要請により、加盟店は必要な協力を行うものとします。
2. 加盟店は、信用販売を行った場合、直ちに商品またはサービス等を会員に引渡しまたは提供するものとします。但し、売上データまたは売上票記載の売上日に引渡しまたは提供することができない場合は、会員に書面をもって引渡し時期等を通知するものとします。
3. 加盟店は割賦販売法第2条第3項に定められる信用販売を行った場合、割賦販売法第30条の2の3第4項およびその施行規則に定める事項などを記載した書面を遅滞なく会員へ交付しなければならないものとします。

また、加盟店は、本項に定める以外の割賦販売法その他の法令上加盟店に課される会員に対する書面交付義務を遵守するものとします。
4．加盟店は、当該売上債権の譲渡手続を行った後に会員が割賦販売法および特定商取引に関する法律に定める信用販売の申込の撤回または信用販売の解除（以下「クーリング・オフ」という）を行った場合には、直ちに当社に対し当該信用販売の取消の手続を行うものとします。
5．加盟店は、商品またはサービス等を複数回にわたり引渡しまたは提供する場合において、当該売上債権の譲渡手続を行った後に会員が当該信用販売を解除したときは、直ちに当社に届出るとともに、当社所定の方法により当該会員と当該信用販売の精算を行うものとします。
6．加盟店は、商品またはサービス等を複数回にわたり引渡しまたは提供する場合において、加盟店の事由により引渡しまたは提供が困難となったときは、直ちにその旨を会員および当社へ連絡するものとします。
7．加盟店が、信用販売の取消しまたは解約等を行う場合には、直ちに当社所定の方法にて当該債権譲渡の取消しを行うこととし、当社は第12条に準じて処理するものとします。
8．加盟店は、前項により債権譲渡を取消した売上債権の譲渡代金が当社より支払済みである場合には、直ちにこれを返還するものとします。また、この場合、当社は第17条第3項を準用することができるものとします。

第10条（信用販売の責任）
　加盟店は、第7条ないし第9条、第39条、第41条、および第42条に定める手続によらず信用販売を行った場合、加盟店が一切の責任を負うものとし、当社の申出により第17条の規定に従うものとします。

第11条（無効カードの取扱い）
1．加盟店は、当社から紛失・盗難等の理由により無効を通告されたカードによる信用販売を行わないものとします。
2．加盟店は、無効カードまたは明らかに偽造・変造と認められるカードの提示を受けた場合、当該カードを預かり、直ちに当社に連絡するものとします。
3．加盟店は、前2項に違反して信用販売を行った場合、当該信用販売にかかる売上等全額について加盟店が一切の責任を負うものとし、当社の申出により第17条の規定に従うものとします。

第12条（売上債権の譲渡）

1. 加盟店は、第7条第1項その他本規約の規定に基づいてCAT等またはiD取扱端末を利用して信用販売を行った場合は、信用販売を行った日から15日以内（休日を含む）に、当該CAT等またはiD取扱端末の取扱契約に基づき当社に売上データを送信して債権譲渡を行うものとします。
2. 加盟店は、第7条第3項その他本規約の規定に基づいてCAT等を利用することなく信用販売を行った場合は、当該売上債権を集計し、当社所定の売上集計票を添付して、当社宛に送付して債権譲渡を行うものとします。
3. 第1項の譲渡期限以降に譲渡された売上債権について、当社が当該売上債権の回収ができなかった場合、および当社が加盟または提携する組織に加盟しているもしくは当社と提携関係にある日本国内および日本国外の会社が、正当な理由により当社からの当該売上債権の譲渡につき拒否または異議を唱えた場合もしくは当該会社が当該売上債権の回収ができなかった場合は、加盟店が一切の責任を負うものとし、当社の申出により第17条の規定に従うものとします。
4. 加盟店は、信用販売を行った日から2ヶ月以上経過した売上債権の譲渡を拒否されても異議を申立てないものとします。
5. 第1項および第2項の債権譲渡は、当該売上データまたは売上集計票が当社に到着したときにその効力を発生するものとします。
6. 加盟店は、売上債権および売上債権を当社に譲渡することにより発生する金銭債権を第三者に譲渡し、もしくは立替えて支払わせることはできないものとします。

第13条（商品の所有権の移転）

　加盟店が会員に信用販売した商品の所有権は、当社が第14条の規定に基づき当該代金を加盟店に支払ったときに加盟店より当社に移転するものとします。

第14条（支払方法）

1. 当社が譲渡を受けた売上債権の締切日および加盟店への支払方法は、次の通りとします。但し、当社と別途約定がある場合には、その定めに従うものとします。

信用販売の種類	取扱期間		締切日	支払日
1回払い販売 リボルディング払い販売 分割払い販売 （3・5・6・10・12・15・18・20・24回）	通年		15日	当月末日
			月末日	翌月15日
ボーナス一括払い販売	夏季	12月16日〜 6月15日	6月末日	8月15日
	冬季	7月16日〜 11月15日	11月末日	1月15日
2回払い販売	通年		15日	翌月末日

2．前項の支払いは、各支払日における合計額から第18条に定める手数料を差し引いた金額を加盟店指定の預金口座へ振込むものとします。なお、支払日の当日が金融機関の休業日の場合には、当該日が15日であるときは翌営業日、当該日が月末日であるときは前営業日とします。

3．加盟店が本規約に違反した売上データまたは売上票にかかる売上債権を当社に譲渡した場合その他、加盟店が本規約に違反した信用販売を行った場合には、当社は当社が加盟店に負担する代金債務の全部または一部の支払いを拒絶できるものとします。

4．加盟店から提出された売上データまたは売上票の正当性に疑義があると当社が認めた場合、加盟店は正当性を証明できる資料の提出等当社の調査に協力し、当社は調査が完了したと判断するまで加盟店に対する当該代金の支払いを保留できるものとします。

この場合、保留した支払代金について法定利息その他遅延損害金は発生しないものとします。

第15条（会員との紛議とカード利用代金等）

1．加盟店は、会員に対して提供した商品またはサービス（附帯関連する役務を含む）等加盟店と会員間の問題に関し、会員との間で紛議が生じた場合、遅滞なく紛議を自らの責任と費用負担の下、解決するものとします。

2．加盟店は、前項の紛議の解決にあたり、当社の許可なく会員に対して

当該カード利用代金を直接返還しないものとします。
3．第1項の紛議を理由に会員が当該カード利用代金の支払いを拒否した場合、会員紛議が発生する可能性があると当社が認めた場合、または会員の当社に対する支払いが滞った場合、当社は紛議が解決するまで加盟店に対する当該代金の支払いを保留できるものとします。この場合、保留した支払代金について法定利息その他遅延損害金は発生しないものとします。
4．当社から紛失・盗難・不良会員・第三者利用等の理由によりカードの回収を依頼した場合、加盟店はカードの回収に協力するものとします。カードの回収について後日会員と紛議が生じた場合は、すべて当社が責任をもって解決するものとします。

第16条（会員との紛議に関する措置等）

1．加盟店は、会員から当社に紛議が生じた場合、当社に対し、当社の求めに応じて、会員との取引の態様（当該販売の内容、勧誘行為がある場合にはその内容）、紛議の発生要因について報告するものとします。
2．加盟店は、前項の報告その他当社の調査の結果、当社が会員の紛議が加盟店の割賦販売法35条の3の7に規定される行為その他法令で禁止されている行為に起因するものと認めた場合には、当該行為の防止体制、苦情処理体制に関する事項、その他当該行為の防止のために当社が必要と認める事項を、当社の求めに応じて報告しなければならないものとします。
3．加盟店は、第1項の報告、認定割賦販売協会の保有する情報その他の方法による当社の調査の結果、当社が会員の紛議の発生状況が、他の加盟店と比較して会員の利益の保護に欠けると認める場合には、当該行為の詳細事項、当該行為の防止体制、苦情処理体制に関する事項その他の当該行為の防止のために当社が必要と認める事項を、当社の求めに応じて報告しなければならないものとします。
4．当社は、前3項の報告その他当社の調査の結果、必要があると認める場合には、加盟店に対し、所要の措置を行うことができ、加盟店はこれに従うものとします。但し、当社による指導は、加盟店を免責するものではありません。当社が行う措置・指導には以下を含みますが、これに限られません。
　① 文書もしくは口頭による改善要請
　② 信用販売の停止

③ 本規約の解除
第17条（買戻しの特約）
1．加盟店は、下記のいずれかに該当した場合、当社の申出により遅滞なく当該売上債権を買戻すものとします。当社は、下記の何れかの事由が存在すると合理的に判断する場合には、加盟店に対し、当該事由の存否を照会することができ、加盟店は速やかに、当該事由の不存在を証明しなければならないものとします。加盟店がこの証明を行わない場合には、加盟店は、当社の申出により遅滞なく当該売上債権を買戻すものとします。
(1) 当社に譲渡した売上債権にかかる売上データまたは売上票が正当なものでないこと、その他売上データまたは売上票の記載内容が不実不備であった場合
(2) 第6条第2項の規定に違反して信用販売を行った場合
(3) 第7条ないし第9条に定める手続によらず信用販売を行った場合
(4) 第11条第1項、第2項の規定に違反して信用販売を行った場合
(5) 第12条第3項の事態が発生した場合
(6) 第14条第4項の調査に対して当社が合理的と認める協力がない場合
(7) 第15条第1項の会員との紛議が解決されない場合
(8) 会員がクーリング・オフを行ったにもかかわらず信用販売の取消を行わない場合
(9) 会員が、第9条第5項に定める信用販売の解除を行った場合
(10) その他本規約の規定に違反して信用販売が行われたことが判明した場合
2．第9条第6項の販売を行った加盟店が会員に対して商品またはサービス等の提供が困難になった場合において、この事態を理由に会員が未提供の商品またはサービス等に相当する代金の支払を拒否したとき、会員の当社に対する支払いが滞ったとき、または会員が当社に対して当該代金の返還を求めたときは、加盟店は当社の申出により遅滞なく当該売上債権を買戻すものとします。
3．前2項の場合、加盟店は当該売上債権および他の売上債権の譲渡に伴い生ずる第14条第2項に規定する振込金から買戻し金額を差引充当すること、ならびに買戻し金額に不足が生じる場合は次回以降の振込金を順次買戻し金額に充当することを承諾するものとします。
4．前項の手続を行ったにもかかわらず、当社が買戻しを請求した日から

２ヶ月以上を経過した残金がある場合、加盟店は当社の請求により遅滞なくその残金を一括して支払うものとします。なお、買戻しを請求した日とは当社が口頭または文書により加盟店に通知した日とします。

第18条（手数料の支払い）

加盟店は、信用販売に利用されたカードの種類に応じて、信用販売額に対して当社所定の手数料率により計算した金額を手数料として当社に支払うものとします。

第19条（加盟料、有料用度品代金）

１．加盟店は、加盟の申込みに際して、加盟店申込書の提出と共に、当社所定の加盟料相当額および加盟店となった場合に使用を希望する有料用度品の代金相当額を仮に支払うものとします。

２．前項により仮に支払った金員は、当社が加盟申込みを承諾した場合はそれぞれの支払いに充当するものとし、加盟申込みを断った場合は加盟店申込書に記載した指定預金口座に振込んで返金するものとします。

第20条（提携組織の規則等の遵守）

１．加盟店は信用販売にあたり、提携組織の規則等に準拠した取扱いを行わなければならないものとします。

２．加盟店が提携組織の規則等に準拠した取扱いを行うために要する費用は、加盟店の負担とします。

３．加盟店は、提携組織の規則等に変更（制定、廃止等を含む）があった場合は、変更後の内容が適用されるものとし、当該変更に起因して加盟店に生じる費用、損害、第三者に対する責任は、加盟店が負担するものとします。

４．提携組織が、加盟店側の事由に起因して、当社に違約金、反則金等（名称の如何は問わないものとする）を課すことを決定した場合、加盟店は、当社の請求に応じて違約金、反則金等の額と同額の金員を当社に支払うものとします。

第21条（加盟店の禁止行為）

加盟店は、次の各号に定める行為またはこれに類似する行為を行ってはならないものとします。また、加盟店の従業員あるいは役員が次の各号に定める行為またはこれに類する行為を行った場合には、加盟店が自らこれを行ったものであるとみなされるものとします。

(1) 加盟店が加盟店として届け出た名義を第三者に使用させ、または第三者が使用することを容認し、あたかも加盟店が当該顧客と直接取引をし

たかのように装うこと
(2) 顧客との間に真実取引がないのに、それがあるかのように会員と通謀しあるいは会員に依頼して取引があるかのように装うこと
(3) 顧客と取引を行うあるいは取引の勧誘にあたり、違法または不適切な行為を行うこと
(4) 当社の信用販売にかかる商品の留保した所有権を侵害すること
(5) 第三者の売掛金の決済・回収のために本規約に基づく決済を利用すること
(6) 公序良俗に違反することその他監督官庁から改善指導・行政処分等を受けるまたは受ける虞のある行為をすること
(7) 合理的な理由なく、加盟店（代表者およびその関係者を含む）が保有するカード等を使用して、本規約にかかる信用販売を行うこと
(8) 暗証番号、セキュリティーコード（CVV2・CVC2）、その他当社が保管・保持を禁止する情報を保管・保持すること
(9) その他本規約に違反すること

第22条（状況報告）
　加盟店は、当社から求められたときは、最新の決算状況および特定時期の財務状況について、文書その他当社が適当と認める方法により、当社に対し報告を行うものとします。
（以下略）

(2017年1月制定)

＊この加盟店規約は、債権譲渡構成に基づく契約例である。立替払い構成であれば、第12条に相当する条文で、加盟店の集計に基づき信販会社が加盟店に立替払いを行うものと定め、第17条に相当する条文では、所定の場合に、加盟店が立替払いを受けた金額を信販会社に返還する義務を負う、と定めることになる。

事項索引

あ行

悪意の抗弁 121
アクワイアラ 53, 181, 186, 190
異議申立提供金 148
異議申立預託金 148
意思能力 78
イシュア
　——（クレジットカード） 181
　——（デビットカード） 53
　——（電子マネー） 22
一部裏書 113
一覧後定期払 110
一覧払 67, 110
一括支払システム 106
一括手形 105
一括払い → マンスリークリア
一般線引 88
依頼返却 146
印紙税 105
受戻証券性 143
裏書禁止 75
裏書禁止裏書 136
裏書の抹消 117
裏書の連続 114, 198
売為替 93
オープンAPI 42
オープン・ループ
　 13, 138, 141, 143, 172

か行

会員規約（クレジットカード）
　 180, 187
買為替 93
外観解釈の原則 75
買戻特約 101
架橋説 116, 144
確定日払 110
隠れた質入裏書 135
隠れた手形保証 131
隠れた取立委任裏書 134
加盟店契約（クレジットカード）
　 180
加盟店契約（電子マネー） 22
為替取引 17, 60
河本フォーミュラ 122
機関方式 81
期限後裏書 136
偽造カード 43
偽造カード法 43, 54
記名式（小切手） 75
記名式裏書 113, 198
記名式所持人証券 197, 200
記名証券 197, 201
記名捺印 71
逆為替 93
客観解釈の原則 76, 111
金券 195
銀行業 17

銀行取引停止処分 99
組戻し 47
クリアリング 57, 146
クリアリングハウス 57
クレジットカード等購入
　あつせん業者 186
クローズド・ループ 13, 172
決済 15
決済完了性 → ファイナリティ
決済機関 14, 129, 132
決済代行業者 183, 186
決済の当事者 14, 129, 132
ゲーム内通貨 32
原因関係 14
原因関係上の抗弁 119
現金代替物 6
権利移転行為有因論 129
権利移転的効力 113
権利者 114
権利推定的効力 112
行為能力 46, 78, 79
交換尻 146
交換手形 125
口座間送金決済
　 160, 162, 172, 174
公示催告 201, 202
後者の抗弁 128
合同責任 100, 152
交付欠缺 80
抗弁の接続 5, 185
小切手行為 78
国際ブランド 52, 53, 181, 186
誤振込 48
コマーシャル・ペーパー 101

コルレス契約 93

さ行

債権譲渡方式（クレジットカード） 181
債権の準占有者に対する弁済 38
先日付小切手 68, 75
指図禁止 75
指図式（小切手） 75
指図証券 75, 113, 197, 198
資格授与的効力 112, 114
資金移動業 60〜61
資金返還保証 51
自己宛て小切手 68
持参人払式（小切手） 75
持参人払式裏書 113, 198
システミックリスク 17
質入裏書 135
時点ネット決済 60
支配領域 41, 87
支払委託の撤回 68, 85
支払拒絶証書 151
支払呈示 142
支払呈示期間 142, 151
支払いに代えて（振出し） 70
支払人 66
支払いのために（振出し） 70
支払保証 69, 71
支払免責 144, 199, 201
仕向銀行 36, 39
仕向超過限度額管理制度 59
収納代行 61〜62
ジュネーヴ統一小切手法条約 71

ジュネーヴ統一手形法条約…71, 104
順為替 … 92
照会義務 … 118
商業手形 … 100
使用者責任 … 84
消滅時効（手形）… 153
除権決定 … 203
所持人有利解釈 … 76, 116
署名 … 71
白地小切手 … 77
白地式裏書 … 113, 116, 198
白地手形 … 139
信託契約 … 26
人的抗弁 … 76, 78, 121, 165, 171
推定 … 114
制限行為能力者 … 46
生体認証 … 40
絶対的構成 … 123
ゼロ化 … 40
善意取得 … 117, 198, 200
全銀システム（全国銀行データ通信システム）… 55, 182
セントラル・カウンター・パーティー … 57
遡求 … 67, 92, 100, 150
　満期前── … 151
即時グロス決済 … 59

た行

代金引換サービス（代引き） … 61〜62
代物弁済 … 23, 70
代理方式 … 81

立替払い方式（クレジットカード） … 181
担保的効力 … 112
担保のために（振出し） … 70
単名手形 … 101
チェックライター … 74
チャージバック … 186
呈示期間 … 67
手形行為独立の原則 … 132
手形交換所 … 68, 145, 147
手形訴訟 … 157
手形の書替 … 148
手形保証 … 130
手形理論 … 78
手形割引 … 101
デビットカード … 51
電子記録保証 … 175
電子債権記録機関 … 160, 167
統一小切手用紙 … 73
統一手形用紙 … 102
当座勘定契約 … 66
当座預金 … 66
倒産リスク … 55, 62, 149
盗難カード … 43
盗難保険（クレジットカード）… 188
特定線引 … 88
特別求償権 … 176
取立委任裏書 … 68, 134
取引停止 … 147

な行

名板貸 … 83
二重無権の抗弁 … 128

日銀ネット（日本銀行金融ネットワークシステム）……………55, 182
認証システム……………………39
ネッティング………………58, 182
ネット受取限度額………………59
ネットワーク型システム
　………………12, 67, 73, 137, 148

は行

発行保証金………………………26
引受け……………………………92
引受呈示…………………………92
引受人……………………………92
被仕向銀行………………………36
日付後定期払……………………110
表見代表取締役…………………83
ファイナリティ（決済）
　………………16, 57, 146, 173
ファイナリティ（支払い）
　………………………2, 102, 124
複本………………………………95
複名手形…………………………101
附則（ジュネーヴ統一条約）……71
物的抗弁…………………………73
不当補充…………………………140
振り込め詐欺……………………50
不渡り…………………………99, 146
不渡事由…………………………147
不渡処分……………………147, 163
不渡返還時限………………107, 146
ブロックチェーン………………30
分散型台帳 → ブロックチェーン
変造………………………………138

ポイント…………………………32
包括加盟店契約…………………183
包括支払可能見込額……………184
包括信用購入あつせん……180, 184
包括代理加盟店契約……………183
補充権……………………………77
補充合意…………………………140
補箋………………………………131
保全契約…………………………26

ま行

マイレージ………………………32
前払式支払手段…………………26
回り手形……………………101, 177
マンスリークリア………………180
無因性……………………………69
　――（小切手）…………………70
　――（約束手形）
　………………70, 107, 119, 129, 149
　――（デビットカード）………53
　――（電子記録債権）…………165
　――（電子マネー）……………24
　――（振込）……………………46
無記名証券……………………197, 200
無担保裏書………………………137
名義貸し……………………126, 190
免責証券…………………………195
戻裏書……………………………127
文言証券性………………………75

や行

有因性
　――（電子マネー）……………24

―――（クレジットカード）………184
―――（約束手形）…………120, 129
有価証券……………………66, 194, 201
有価証券無効宣言公示催告事件
　……………………………………201
融通手形………………102, 124, 190
ユニバーサル型システム
　………………12, 67, 73, 80, 138, 148
要式証券性……………………73, 77
預手…………………………………68

ら行

利益相反取引……………………83
利得償還請求権…………………155
流通に置く意思…………………80

欧文

central counter party
　→ セントラル・カウンター・
　　パーティー
clearing → クリアリング
clearing house
　→ クリアリングハウス
CP → コマーシャル・ペーパー
D/A条件……………………………95
D/P条件……………………………95
finality → ファイナリティ
J-Debit……………………………52
netting → ネッティング
PSP → 決済代行業者
RTGS………………………………59

判例索引

大判大 6・7・5 民録23・1282 156
大判大 8・2・15民録25・82 136
大判大10・10・1 民録27・1686 .... 76, 77
大判昭19・6・23民集23・378 123
最判昭23・10・14民集 2・11・376 71
最判昭25・2・10民集 4・2・23 79
最判昭26・10・19民集 5・11・612 79
最判昭29・11・18民集 8・11・2052 149
最判昭30・5・31民集 9・6・811 123
最判昭30・9・23民集 9・10・1403 115
最判昭30・9・30民集 9・10・1513 115
最判昭31・2・7民集10・2・27 ...... 116, 134
広島地判昭31・6・22下民集 7・6・1606
　　　　　　　　　　　　　　　　　　.................. 26
最判昭和31・7・20民集10・8・1022
　　　　　　　　　　　　　　　　　　.................. 77
最判昭32・7・19民集11・7・1297 146
最判昭33・3・20民集12・4・583
　　　　　　　　　　　　　　　　　　............ 132, 133
最判昭33・6・17民集12・10・1532 85
最判昭34・6・9民集13・6・664 157
最判昭34・7・14民集13・7・978 126
最判昭35・1・12民集14・1・1 118
最判昭35・2・11民集14・2・184 149
最判昭36・6・9民集15・6・1546 84
最判昭36・11・24民集15・10・2536
　　　　　　　　　　　　　　　　　　............ 141, 154
最判昭36・11・24判時302・28 127
最判昭36・12・12民集15・11・2756 .. 82, 84
最判昭37・5・1民集16・5・1013 123
最判昭37・9・21民集16・9・2041 69
最判昭38・1・30民集17・1・99 153
最判昭38・5・21民集17・4・560 156
最判昭38・8・23民集17・6・851 136

最判昭39・11・24民集18・9・1952 153
最判昭39・12・4判時391・7 86
最判昭40・4・9民集19・3・647 127
最判昭41・6・21民集20・5・1084 114
最判昭41・9・13民集20・7・1359 .... 74, 82
最判昭41・10・13民集20・8・1632 111
最判昭41・11・2民集20・9・1674 153
最判昭42・3・14民集21・2・349 139
最判昭42・3・31民集21・2・483
　　　　　　　　　　　　　　　　　　............ 155, 157
最判昭42・4・27民集21・3・728 126
最判昭42・11・8民集21・9・2300 142
最判昭43・3・21民集22・3・665 156
最判昭43・12・12民集22・13・2963 74
最判昭43・12・24民集22・13・3349 83
最判昭43・12・24民集22・13・3382 83
最判昭43・12・25民集22・13・3548 128
最判昭44・2・20民集23・2・427 154
最判昭44・3・4民集23・3・586 111
最判昭44・4・3民集23・4・737 .... 78, 79
最判昭44・9・12判時572・69 144
最判昭45・3・31民集24・3・182
　　　　　　　　　　　　　　　　　　............ 128, 131
最判昭45・4・21民集24・4・283 130
最判昭45・6・24民集24・6・712 114
最判昭45・11・11民集24・12・1876 154
最判昭46・4・9民集25・3・264 70
最判昭46・6・10民集25・4・492 86
最判昭46・10・13民集25・7・900 83
最判昭46・11・16民集25・8・1173 80
最判昭47・2・10民集26・1・17 76
東京高判昭47・4・14判時668・82 80
大阪地判昭47・12・18判時697・92 80
最判昭48・4・12金判373・6 101

判例索引

福岡高宮崎支判昭48・10・3金判388・7……80
最判昭49・2・28民集28・1・121……………137
最判昭49・6・28民集28・5・655……………85
最判昭49・12・24民集28・10・2140…………115
最判昭51・11・25民集30・10・939……………101
最判昭52・6・20判時873・97…………………118
最判昭52・8・9民集31・4・742………………48
最判昭54・4・6民集33・3・329………………135
最判昭54・9・6民集33・5・630………………78
最判昭54・10・12判時946・105…………………149
最判昭55・7・15判時982・144……………………83
大阪地判昭55・9・30判時998・87………………47
最判昭55・12・18民集34・7・942………………136
最判昭57・11・25判時1065・182…………………151
東京高判昭58・11・17金判690・4………………148
最判昭61・7・10民集40・5・925…………………74
最判昭61・7・18民集40・5・977…………………117
最判昭62・10・16民集41・7・1497………………154
長崎地判平元・6・30判時1325・128………………190
最判平2・2・20判時1354・76………………………185
最判平5・7・19判時1489・111………………………40
最判平5・7・20民集47・7・4652……………………154
大阪地判平5・10・18判時1488・122…………………189
最判平6・1・20金法1383・37…………………………51
最判平8・4・26民集50・5・1267………49, 50
最判平9・2・27民集51・2・686
……………………………………………………111, 139

大阪高判平10・3・13金判1064・35………………154
東京地判平10・3・19金法1531・69………………78
東京地判平11・6・30判タ1015・238………………118
東京高判平12・8・17金判1109・51………………118
名古屋地判平12・8・29金判1108・54
………………………………………………………190
東京高判平12・9・28判時1735・57………………190
最判平13・1・25民集55・1・1………………………203
最決平13・3・12刑集55・2・97………………………60
最判平13・3・27判時1760・82…………………………63
最決平15・3・12刑集57・3・322……………………50
最判平15・4・8民集57・4・337………………………40
東京地判平15・10・17判時1840・142………………110
東京地判平15・11・17判時1839・83
………………………………………………………110, 158
最判平15・12・19民集57・11・2292…………………107
名古屋高判平17・3・17金判1214・19………………50
東京地判平17・9・26判時1934・61……………………50
大阪地判平20・4・17判時2006・87……………………45
東京地判平21・11・11判時2073・64
………………………………………………………186, 190
東京地判平27・8・5D1-Law28233102・
LEX/DB25541521…………………………………31
東京高判平28・9・14判時2313・55……………………51
東京高判平29・1・18金法2069・74……………………25

《著者紹介》

●小塚　荘一郎（こづか　そういちろう）
　1992年　東京大学卒業
　現在　学習院大学法学部教授
　〔主な著書〕
　『宇宙ビジネスのための宇宙法入門〔第2版〕』（共編著、有斐閣、2018年）
　『ケース商行為法』（商事法務、2007年）
　『フランチャイズ契約論』（有斐閣、2006年）

●森田　果（もりた　はつる）
　1997年　東京大学卒業
　現在　東北大学大学院法学研究科教授
　〔主な著書〕
　『実証分析入門――データから「因果関係」を読み解く作法』（日本評論社、2014年）
　『金融取引における情報と法』（商事法務、2009年）

支払決済法〔第3版〕
――手形小切手から電子マネーまで――

2010年 9 月25日　　初　版第1刷発行
2014年 2 月20日　　第 2 版第1刷発行
2018年 3 月30日　　第 3 版第1刷発行
2023年11月30日　　第 3 版第5刷発行

著　者　　小　塚　荘一郎
　　　　　森　田　　　果

発行者　　石　川　雅　規

発行所　　鬻　商　事　法　務
　　　　　〒103-0027　東京都中央区日本橋3-6-2
　　　　　TEL 03-6262-6756・FAX 03-6262-6804〔営業〕
　　　　　TEL 03-6262-6769〔編集〕
　　　　　https://www.shojihomu.co.jp/

落丁・乱丁本はお取り替えいたします。　印刷／そうめいコミュニケーションプリンティング
©2018 Souichirou Kozuka, Hatsuru Morita　　Printed in Japan
Shojihomu Co., Ltd.
ISBN978-4-7857-2604-1
＊定価はカバーに表示してあります。

JCOPY　〈出版者著作権管理機構　委託出版物〉
本書の無断複製は著作権法上での例外を除き禁じられています。
複製される場合は、そのつど事前に、出版者著作権管理機構
（電話03-5244-5088、FAX 03-5244-5089、e-mail: info@jcopy.or.jp）
の許諾を得てください。